目次

学習内容

効率よく勉強して
テストでいい点を取ろう

成績アップのための学習メソッド

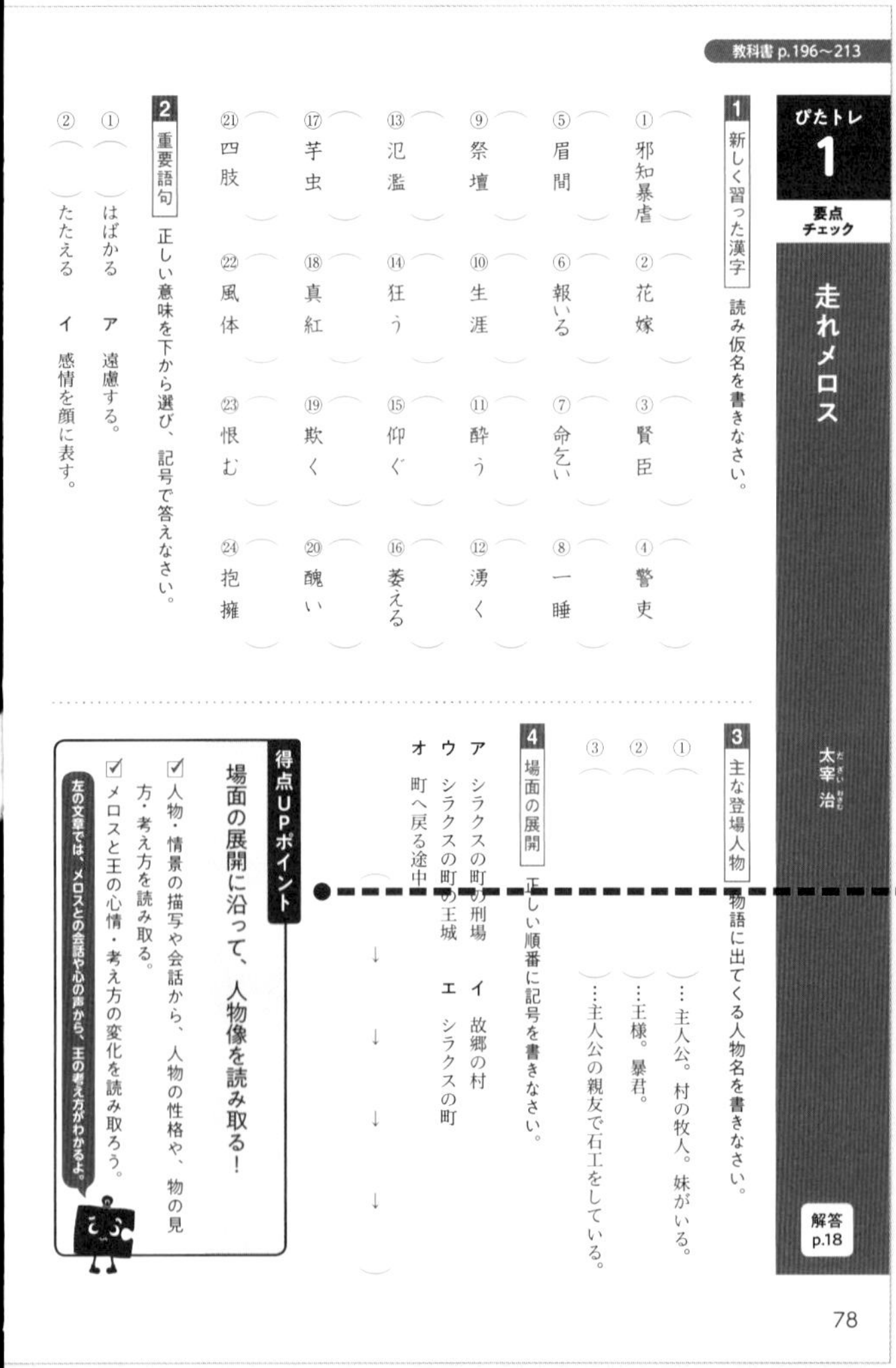
教科書 p.196～213

ぴたトレ 1 要点チェック

走れメロス

太宰《だざい》 治《おさむ》

1 新しく習った漢字 読み仮名を書きなさい。

① 邪知暴虐（　） ② 花嫁（　） ③ 賢臣（　） ④ 警吏（　）
⑤ 眉間（　） ⑥ 報いる（　） ⑦ 命乞い（　） ⑧ 一睡（　）
⑨ 祭壇（　） ⑩ 生涯（　） ⑪ 酔う（　） ⑫ 湧く（　）
⑬ 氾濫（　） ⑭ 狂う（　） ⑮ 仰ぐ（　） ⑯ 萎える（　）
⑰ 芋虫（　） ⑱ 真紅（　） ⑲ 欺く（　） ⑳ 醜い（　）
㉑ 四肢（　） ㉒ 風体（　） ㉓ 恨む（　） ㉔ 抱擁（　）

2 重要語句 正しい意味を下から選び、記号で答えなさい。

①（　）はばかる　ア 遠慮する。
②（　）たたえる　イ 感情を顔に表す。

3 主な登場人物 物語に出てくる人物名を書きなさい。

①（　）…主人公。村の牧人。妹がいる。
②（　）…王様。暴君。
③（　）…主人公の親友で石工をしている。

4 場面の展開 正しい順番に記号を書きなさい。

ア シラクスの町の刑場　イ 故郷の村
ウ シラクスの町の王城　エ シラクスの町
オ 町へ戻る途中

（　）→（　）→（　）→（　）→（　）

得点UPポイント

場面の展開に沿って、人物像を読み取る!

☑ 人物・情景の描写や会話から、人物の性格や、物の見方・考え方を読み取る。
☑ メロスと王の心情・考え方の変化を読み取ろう。

左の文章では、メロスとの会話や心の声から、王の考え方がわかるよ。

解答 p.18

78

ぴたトレ1

要点チェック

教科書の教材についての理解を深め、基礎《きそ》学力を定着させます。

言語知識の確認

教科書の新出漢字・重要語句が順番にのっています。

読解教材の基礎知識

登場人物や段落分けなどを問題形式で確認できます。

得点UPポイント

国語の力が付くように、文章読解する際のポイントを示しているよ!

スタートアップ

教材の要点や覚えておくべき文法事項《ぶんぽうじこう》をまとめているよ!

学習メソッド

STEP1

ノートを整理・確認

定期テストでは授業で取り上げた内容が出やすい。板書を見直して重要なところをおさらいしよう。

←

STEP2

基礎を固める

テスト期間が始まったら、まずはぴたトレ1で教材の要点や文法、新出漢字を復習しよう。
問題を解くのに時間はかけず、横にノートを置いてこまめに確認しながら問題を解いていこう。

←

STEP3

新出漢字を集中特訓

教科書で習った順にまとめられた別冊「mini book」を使って、漢字はすべて書けるように練習しよう。

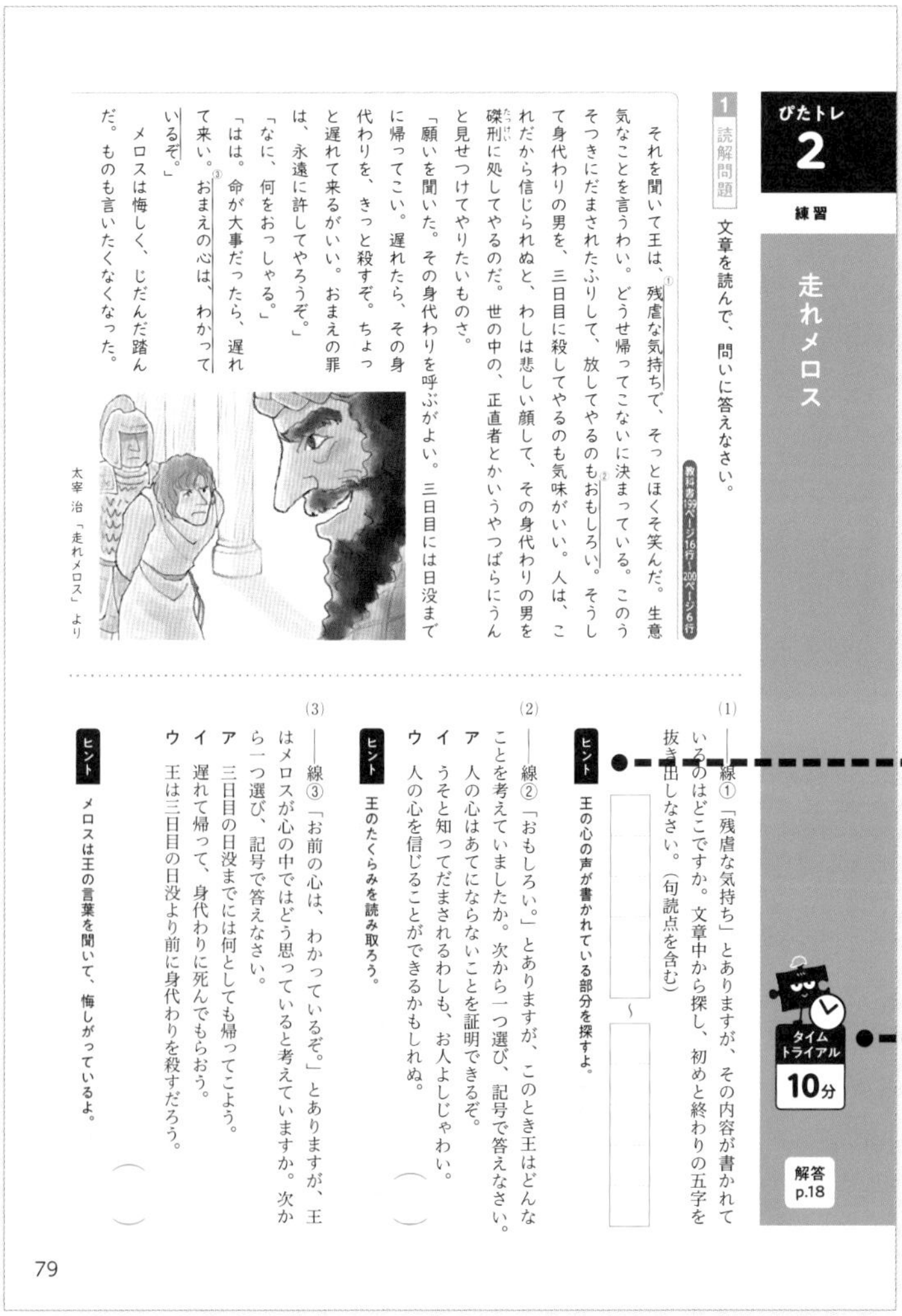

ぴたトレ 2 練習

走れメロス

1 読解問題 文章を読んで、問いに答えなさい。

教科書199ページ16行～200ページ6行

それを聞いて王は、残虐な気持ちで、そっとほくそ笑んだ。生意気なことを言うわい。どうせ帰ってこないに決まっている。このうそつきにだまされたふりして、放してやるのもおもしろい。そうして身代わりの男を、三日目に殺してやるのも気味がいい。人は、これだから信じられぬと、わしは悲しい顔して、その身代わりの男を磔刑《たっけい》に処してやるのだ。世の中の、正直者とかいうやつばらにうんと見せつけてやりたいものさ。

「願いを聞いた。その身代わりを呼ぶがよい。三日目には日没までに帰ってこい。遅れたら、その身代わりを、きっと殺すぞ。ちょっと遅れて来るがいい。おまえの罪は、永遠に許してやろうぞ。」

「なに、何をおっしゃる。」

「はは。命が大事だったら、遅れて来い。おまえの心は、わかっているぞ。」

メロスは悔しく、じだんだ踏んだ。ものも言いたくなくなった。

太宰 治「走れメロス」より

(1) ――線①「残虐な気持ち」とありますが、その内容が書かれているのはどこですか。文章中から探し、初めと終わりの五字を抜き出しなさい。(句読点を含む)

ヒント 王の心の声が書かれている部分を探すよ。

(2) ――線②「おもしろい。」とありますが、このとき王はどんなことを考えていましたか。次から一つ選び、記号で答えなさい。

ア 人の心はあてにならないことを証明できるぞ。
イ うそと知ってだまされるわしも、お人よしじゃわい。
ウ 人の心を信じることができるかもしれぬ。

ヒント 王のたくらみを読み取ろう。

(3) ――線③「お前の心は、わかっているぞ。」とありますが、王はメロスが心の中ではどう思っていると考えていますか。次から一つ選び、記号で答えなさい。

ア 三日目の日没までには何としても帰ってこよう。
イ 遅れて帰って、身代わりに死んでもらおう。
ウ 王は三日目の日没より前に身代わりを殺すだろう。

ヒント メロスは王の言葉を聞いて、悔しがっているよ。

タイム トライアル 10分

解答 p.18

79

ぴたトレ2

練習

短い文章問題や言語問題を解いて、
理解力や応用力を高めます。

文章読解の練習

文章読解では500字程度の短い文章をすばやく読む練習をします。

文法問題の練習

文法問題ではテストに出やすい問題を中心にまとめています。

ヒント

問題を解くうえでの注意点やポイントを示しているよ!

タイムトライアル

時間を意識して文章を読もう。目標タイムはクリアできるかな。

学習メソッド

STEP1 **教科書の文章を読む**
文章を少なくとも2回は音読してどんな内容が書かれているのか、頭のなかでイメージできるようにしておこう。

←

STEP2 **時間を計って問題を解く**
ぴたトレ2の文章には目標時間が設定されている。時間を意識してすばやく解く練習をしよう。

←

STEP3 **もう一度解き直す**
解いた後に音読をしてからもう一度解けばより理解が深まる。

定期テストで点を取るためには教科書の文章を何度も「音読すること」が大切だよ。
テストのときに文章を読まなくても解けるくらいに、教材の内容をしっかり頭に入れておこう!

ター坊

教科書 p.196～213

ぴたトレ 3 確認テスト①

走れメロス

1 思考・判断・表現 文章を読んで、問いに答えなさい。 教科書207ページ15行～209ページ3行

道行く人を押しのけ、跳ね飛ばし、メロスは黒い風のように走った。野原で酒宴の、その宴席の真っただ中を駆け抜け、酒宴の人たちを仰天させ、犬を蹴飛ばし、小川を飛び越え、少しずつ沈んでゆく太陽の、十倍も速く走った。一団の旅人とさっと擦れ違った瞬間、①不吉な会話を小耳に挟んだ。「今頃は、②あの男も、はりつけにかかっているよ。」ああ、その男、その男のために私は、今こんなに走っているのだ。その男を死なせてはならない。急げ、メロス。遅れてはならぬ。愛と誠の力を、今こそ知らせてやるがよい。風体なんかはどうでもいい。メロスは、③今は、ほとんど全裸体であった。呼吸もできず、二度、三度、口から血が噴き出た。見える。はるか向こうに小さく、シラクスの町の塔楼が見える。塔楼は、夕日を受けてきらきら光っている

「ああ、メロス様。」うめくような声が、風とともに聞

(1) ——線①「不吉な会話を小耳に挟んだ。」とありますが、このときのメロスの思いが書かれた部分を文章中から探し、初めと終わりの四字を抜き出しなさい。（句読点を含む。） 10点

(2) ——線②「あの男」とは、誰ですか。名前を答えなさい。 10点

(3) ——線③「今は、ほとんど全裸体であった。」とありますが、この他にもメロスが命懸けで走っている様子がわかる一文を文章中から探し、初めの六字を抜き出しなさい。 10点

よく出る (4) ——線④「赤く大きい夕日ばかりを見つめていた。」とありますが、このときのメロスはどんな気持ちでしたか。次から一つ選び、記号で答えなさい。 10点

ア 今は走り続けるしかないという強い気持ち。
イ 走ることは無駄になるかもしれないという不安な気持ち。
ウ 恨み言を並べるフィロストラトスにいらだつ気持ち。

(5) ——線⑤「刑場に引き出されても、平気でいました」とありますが、なぜ平気だったのですか。 10点

(6) ——線⑥「王様がさんざんあの方をからかって」とありますが、王様はどんなことを言ったと考えられますか。次から一つ選び、記号で答えなさい。 10点

ア メロスがどんな姿で帰ってくるか楽しみだ。
イ メロスはお前が思うより早く帰ってくるかもしれないな。
ウ メロスが帰ってくると信じているなんて、お前はどうかしている。

考える (7) ——線⑦「もっと恐ろしく大きいもの」とありますが、それは何ですか。二十五字程度で答えなさい。 20点

時間20分 ／100点 合格75点 解答 p.18

80

ぴたトレ3

確認テスト

テストでも出題されやすいところを
実戦形式で解く実力確認問題です。

実戦的な出題

文章はテストによく出る部分を
厳選しています。

豊富な記述問題

自由記述の問題が多いですが、
答えにはほぼすべての問題の
解説がのっています。

よく出る
定期テストに出題
されやすい問題だよ!

考える
自分の考えや意見、
感想を書く問題だよ!

学習メソッド

STEP1 応用力を身につける

ぴたトレ3では記述問題を中心に
難易度の高い問題が出題される。
時間を計って実力を確認しよう。

←

STEP2 理解を深める

間違えた問題は必ず解答解説を
確認して、本番でも解けるように
理解を深めておこう。

←

STEP3 本番前の最終確認

巻末の「定期テスト予想問題」を
テスト直前に解いておこう。
余裕《よゆう》があれば音読をもう一度、
新出漢字はmini bookを確認
して確実に得点できるようにしよう。

ぴたトレ3には
「観点別評価」
も示されてるよ!
これなら内申点
も意識できるね!

ピー助

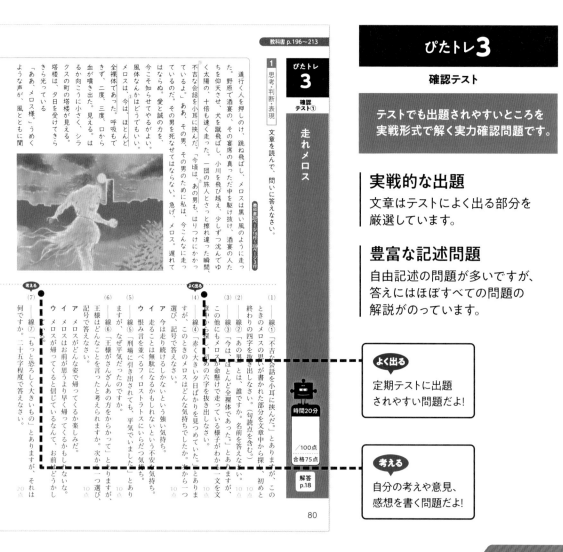

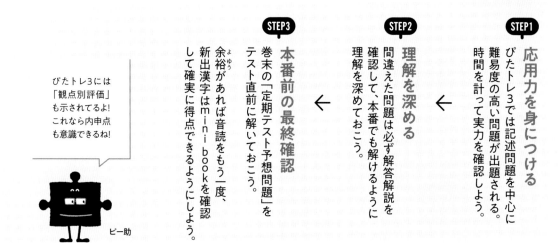

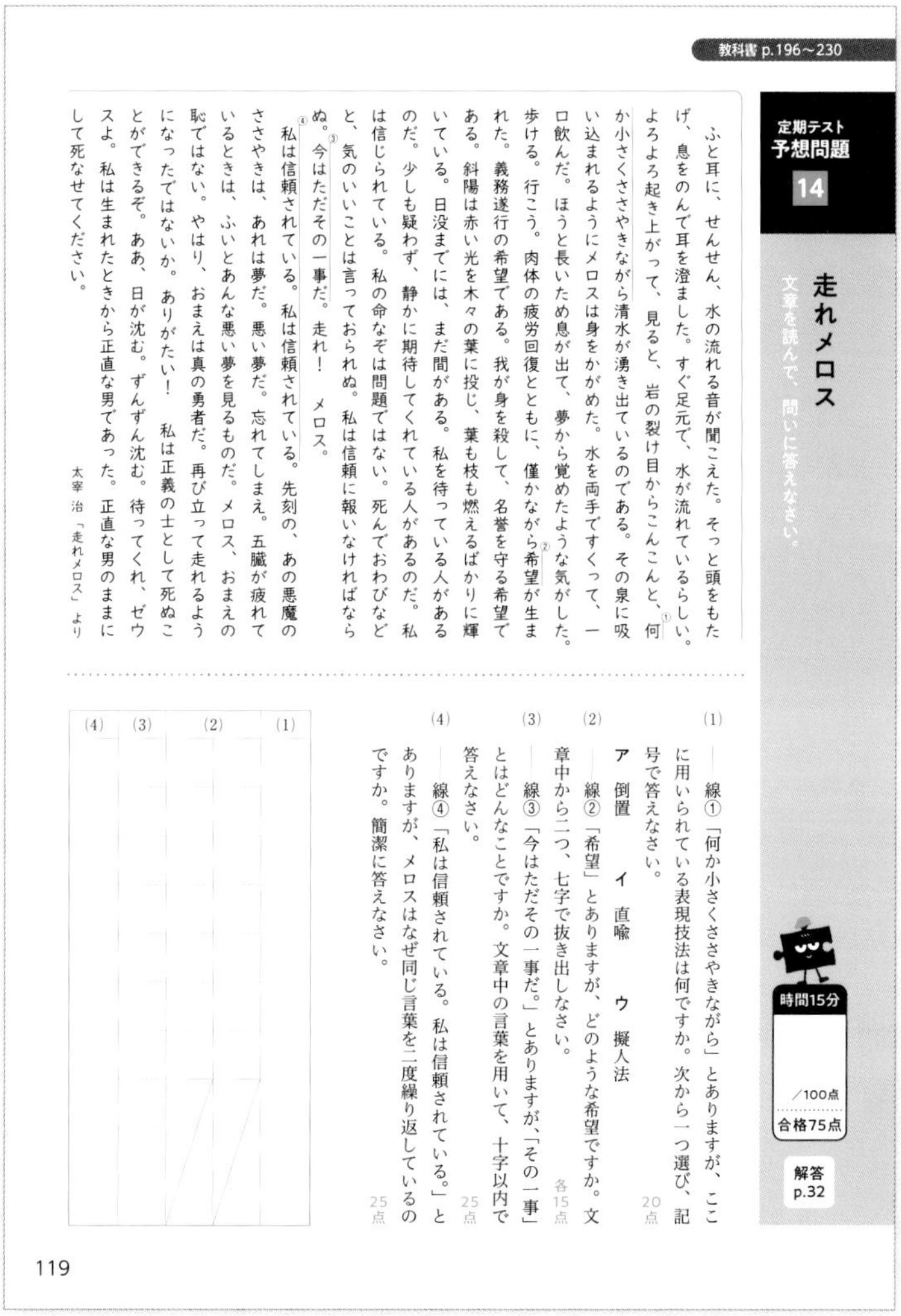
教科書 p.196～230

定期テスト予想問題 14

走れメロス

文章を読んで、問いに答えなさい。

ふと耳に、せんせん、水の流れる音が聞こえた。そっと頭をもたげ、息をのんで耳を澄ました。すぐ足元で、水が流れているらしい。よろよろ起き上がって、見ると、岩の裂け目からこんこんと、①何か小さくささやきながら清水が湧き出ているのである。その泉に吸い込まれるようにメロスは身をかがめた。水を両手ですくって、一口飲んだ。ほうと長いため息が出て、夢から覚めたような気がした。歩ける。行こう。肉体の疲労回復とともに、僅かながら②希望が生まれた。義務遂行の希望である。我が身を殺して、名誉を守る希望である。斜陽は赤い光を木々の葉に投じ、葉も枝も燃えるばかりに輝いている。日没までには、まだ間がある。私を待っている人があるのだ。少しも疑わず、静かに期待してくれている人があるのだ。私は信じられている。私の命なぞは問題ではない。死んでおわびなど、と、気のいいことは言っておられぬ。私は信頼に報いなければならぬ。③今はただその一事だ。走れ！　メロス。

④私は信頼されている。私は信頼されている。先刻の、あの悪魔のささやきは、あれは夢だ。悪い夢だ。忘れてしまえ。五臓が疲れているときは、ふいとあんな悪い夢を見るものだ。メロス、おまえの恥ではない。やはり、おまえは真の勇者だ。再び立って走れるようになったではないか。ありがたい！　私は正義の士として死ぬことができるぞ。ああ、日が沈む。ずんずん沈む。待ってくれ、ゼウスよ。私は生まれたときから正直な男であった。正直な男のままにして死なせてください。

太宰 治「走れメロス」より

(1) ――線①「何か小さくささやきながら」とありますが、ここに用いられている表現技法は何ですか。次から一つ選び、記号で答えなさい。 20点

ア 倒置　イ 直喩　ウ 擬人法

(2) ――線②「希望」とありますが、どのような希望ですか。文章中から二つ、七字で抜き出しなさい。 各15点

(3) ――線③「今はただその一事だ。」とありますが、「その一事」とはどんなことですか。文章中の言葉を用いて、十字以内で答えなさい。 25点

(4) ――線④「私は信頼されている。私は信頼されている。」とありますが、メロスはなぜ同じ言葉を二度繰り返しているのですか。簡潔に答えなさい。 25点

(1)　(2)　(3)　(4)

時間15分

／100点

合格75点

解答 p.32

119

定期テスト予想問題

テスト直前に解くことを意識した1ページ完結の実力テスト問題です。

全15回収録のテスト問題です。

読解問題を中心に、教材によっては文法問題も出題されます。

通知表と観点別評価

学校の通知表は

- 知識及び技能
- 思考力・判断力・表現力
- 主体的に学習に取り組む態度

といった観点別の評価をもとに作成されています。

本書では、観点別の評価問題を取り上げ、成績に直接結び付くようにしました。

［ぴたトレが支持される3つの理由!!］

1 35年以上続く超ロングセラー商品

昭和59年の発刊以降、教科書改訂《かいてい》にあわせて教材の質を高め、多くの中学生に使用されてきた実績があります。

2 教科書会社が制作する唯一の教科書準拠《じゅんきょ》問題集

教科書会社の編集部が問題集を作成しているので、授業の進度にあわせた予習・復習にもぴったり対応しています。

3 日常学習～定期テスト対策まで完全サポート

部活などで忙しくても効率的に取り組むことで、テストの点数はもちろん、成績・内申点アップも期待できます。

ぴたトレ 1

要点チェック

ふしぎ

金子《かねこ》 みすゞ（す）

解答 p.1

1 これまでに習った漢字　読み仮名《がな》を書きなさい。

①（　）宇宙　②（　）延びる　③（　）沿岸　④（　）内閣

⑤（　）簡単　⑥（　）発揮　⑦（　）尊敬　⑧（　）勤める

⑨（　）捨てる　⑩（　）穀物　⑪（　）蒸発　⑫（　）温泉

⑬（　）営む　⑭（　）快い　⑮（　）論理　⑯（　）条件

⑰（　）存在　⑱（　）心臓　⑲（　）興奮　⑳（　）清潔

㉑（　）復習　㉒（　）疑う　㉓（　）厳しい　㉔（　）至る

2 重要語句　正しい意味を下から選び、記号で答えなさい。

①（　）たまらない　　**ア** 指でさわってもてあそぶ。

②（　）いじる　　**イ** しようがない。とても……だ。

スタートアップ

詩とは

● 自然の美しさや物事・できごとへの感動を、リズムのある言葉で表現したもの。短歌や俳句も詩の種類の一つ。

・短歌…五・七・五・七・七のリズムでよんだもの。この詩の形式は、千年以上の歴史がある。

・俳句…五・七・五のリズムでよんだもの。季節に関する言葉（＝季語）を入れるというルールがある。

※短歌や俳句でなくても、「七・五・七・五…」「五・七・五・七……」のリズムでよんだ詩もある。

連

● 一行空けるなどして区切られた、詩の中のまとまり。連と連との関係やちがいなどに注目すると、詩の内容を想像しやすい。

※複数の連に分かれていない詩もある。

「ふしぎ」の詩は、「七・五・七・五……」のリズムでよまれているね。

1 読解問題 詩を読んで、問いに答えなさい。

教科書14ページ1行～15ページ7行

ふしぎ
金子《かねこ》 みすゞ(ず)

わたしはふしぎでたまらない、
黒い雲からふる雨が、
銀にひかっていることが。

わたしはふしぎでたまらない、
青いくわの葉たべている、
かいこが白くなることが。

わたしはふしぎでたまらない、
たれもいじらぬ夕顔が、
ひとりでぱらりと開くのが。

わたしはふしぎでたまらない、
たれにきいてもわらってて、
あたりまえだ、ということが。

タイム トライアル 8分

解答 p.1

(1) 第一連と第二連の内容として最適なものを次から一つ選び、記号で答えなさい。
ア 自然のたくましい生命力についてあこがれを表現している。
イ 自然の中にある色彩《しきさい》の神秘《しんぴ》さについて表現している。
ウ 自然から聞こえてくる音のすばらしさについて表現している。
エ やむことのない自然の営みの大きさへの驚《おどろ》きを表現している。
（　　）

ヒント 雨やかいこのどんなところをふしぎに思っているだろう。

(2) 次の各文は、この詩から読み取ったことについて四人の生徒が発表したものです。発表内容が詩の内容に合っているものを次から一つ選び、記号で答えなさい。
ア 私は、ふつうの人ならば見過ごしがちな「あたりまえ」のできごとを、新鮮《しんせん》な視線で見つめ直した作品だと思いました。
イ 私は、忙《いそが》しい毎日を過ごす現代社会に対し、もっとふしぎに思うことがあるだろうと批判する作品だと思いました。
ウ 私は、自然にはふしぎなことがたくさんあるので、そのふしぎを解明することを呼びかける作品だと思いました。
エ 私は、ふしぎでたまらないことを他人にあたりまえだと笑われたことのつらさをうったえた作品だと思いました。
（　　）

ヒント 第四連に注目しよう。

ぴたトレ 1

要点チェック

桜蝶《さくらちょう》

田丸《たまる》 雅智《まさとも》

解答 p.1

1 これまでに習った漢字

読み仮名《がな》を書きなさい。

① 留める（　　）
② 告げる（　　）
③ 観察（　　）
④ 気配（　　）
⑤ 散る（　　）
⑥ 巻く（　　）
⑦ 移動（　　）
⑧ 光景（　　）
⑨ 季節（　　）
⑩ 転勤（　　）
⑪ 故郷（　　）
⑫ 視線（　　）

2 重要語句

正しい意味を下から選び、記号で答えなさい。

(1)
①（　　）一斉《いっせい》　ア なんとなく感じられる様子。
②（　　）気配　イ 大勢の人が同時にすること。
③（　　）境遇《きょうぐう》　ウ 置かれている立場。

(2)
①（　　）見惚《みほ》れる　ア 横にかたむける。
②（　　）呟《つぶや》く　イ 小さく独り言を言う。
③（　　）かしげる　ウ うっとり見とれる。

3 登場人物

（　）にあてはまる言葉を入れなさい。

●白石《しらいし》さん…学校帰りに（①　　　　）の前を通りかかり、倉橋《くらはし》君に声をかける。

●倉橋君…（②　　　　）の旅立ちを見守っている。

得点UPポイント

文学作品における、できごとの描《えが》かれ方を捉《とら》える！

☑ 描かれ方によって、できごとの印象は大きく異なる。

・時間的な順序
例 犬が走り回る。そして、鳥が飛び立つ。
→二つのできごとが別々に起こったという印象。

・原因と結果
例 犬が走り回る。おどろいて、鳥が飛び立つ。
→二つのできごとが結びついているという印象。

どのようにできごとが描かれているか確かめながら、左の文章を読んでみよう。

ぴたトレ
2
練習

桜蝶《さくらちょう》

タイムトライアル 8分

解答 p.1

1 読解問題　文章を読んで、問いに答えなさい。

教科書20ページ1行〜21ページ5行

A

白石《しらいし》さんが学校帰りに公園の前を通りかかると、同じクラスの倉《くら》橋《はし》君が一本の桜の木の前に立っていた。

「何やってるの？」

白石さんが尋《たず》ねると、倉橋君は振《ふ》り返ってこう言った。

「①桜蝶《さくらちょう》の②旅立ちを見守ってて。」

そして、倉橋君はこんな話をし始めた。

「春が来ると南から北へ、桜の木に留まりながら旅をする蝶がいて。それが、桜蝶っていう蝶で。この蝶がやってくると桜が一斉《いっせい》に咲《さ》き始めるから、桜の開花を告げる蝶だとも言われててね。僕《ぼく》はここで偶然《ぐうぜん》見つけて毎日観察してたんだけど、そろそろ次の目的地に向かって飛び立つ気配を見せてるんだ。」

その時、③倉橋君が「あっ。」と叫《さけ》んだ。それと同時に信じられないことが起こった。目の前の桜の木から一斉に花びらが散ったかと思うと、地面に落ちることもなく、そのまま宙を飛び始めたのだ。よく見ると、それは花びらのような羽を持った淡《あわ》いピンクの蝶だった。

田丸 雅智「桜蝶」より

(1) ——線①「桜蝶」は、どのような蝶ですか。次の□にあてはまる言葉を、文章からaは九字、b・cは三字で抜《ぬ》き出しなさい。

・[a]とも言われる、[b]のような羽を持った淡い[c]の蝶。

a □□□□□□□□□
b □□□
c □□□

ヒント　倉橋君の発言や、飛び始めた場面から探そう。

(2) ——線②「旅立ち」とは、桜蝶が何をすることですか。「……こと。」に続くように、文章から十四字で探し、初めと終わりの三字を抜き出しなさい。

□□□〜□□□こと。

ヒント　倉橋君の発言から探そう。

(3) ——線③「倉橋君が『あっ。』と叫んだ」のはなぜですか。あてはまるものを次から一つ選び、記号で答えなさい。

ア　毎日観察していた桜蝶が一斉に飛び始めたから。
イ　花びらだと思っていたものが実は蝶だったから。
ウ　桜蝶だと思っていたものがちがう蝶だったから。

（　　）

ヒント　倉橋君が叫んだ原因を——の後から探そう。

ぴたトレ
3
確認テスト

桜蝶《さくらちょう》

時間20分
／100点
合格75点
解答 p.1

1 思考・判断・表現　文章を読んで、問いに答えなさい。

教科書22ページ1行～23ページ7行

B

「何やってるの？」

声をかけられ振《ふ》り返ると、クラスメイトの白石《しらいし》さんが立っていた。

①僕《ぼく》は言った。

「桜蝶《さくらちょう》の旅立ちを見守ってて。」

②首をかしげる白石さんに、僕は③桜蝶のことを教えてあげる。

僕が親の転勤でこの町にやってきたのは、春先のことだった。生まれ育った故郷を離《はな》れるのは寂《さび》しくて、特に友達との別れは本当につらかった。

そんな折、僕はこの公園で偶《ぐう》然《ぜん》にも桜蝶を見つけた。桜蝶――それは春が来ると南から北へと桜の木に留まりながら旅する蝶だ。この蝶がやってくると桜が一斉《いっせい》に咲《さ》き始めるので、桜の開花を告げる蝶だとも言われている……そう教えてくれたのは、故郷にいる親友だった。

僕は蝶を発見したその日から、公園へと毎日通った。そして、南の町から来た④自分の境遇《きょうぐう》を桜蝶に重ねては、勝手に孤独《こどく》を分け合っ

(1) ――線①「僕」とは、だれのことですか。9ページの文章から抜《ぬ》き出しなさい。　10点

(2) ――線②「首をかしげる」とありますが、白石さんはなぜ首をかしげたのですか。簡潔に説明しなさい。　10点

(3) ――線③「桜蝶のこと」を「僕」が知っているのはなぜですか。簡潔に説明しなさい。　10点

(4) ――線④「自分の境遇を桜蝶に重ねて」とありますが、「僕」と「桜蝶」で共通していることは何ですか。簡潔に説明しなさい。　10点

(5) ――線⑤「桜蝶が一斉に宙へと飛び上がった」とありますが、一斉に飛んでいく桜蝶を表す表現を文章から十字で抜き出しなさい。　10点

よく出る
(6) 9ページのAの文章と比べて、Aからのみ読み取れる内容、Bからのみ読み取れる内容を、次からそれぞれ一つ選び、記号で答えなさい。　各10点

ア 桜蝶が飛び立ったときの倉橋君の反応。
イ 白石さんと倉橋君が同じクラスであるという関係。
ウ 倉橋君が桜蝶を観察している場所。
エ 倉橋君が桜蝶を観察していた理由。
オ 春に南から北へと旅をする桜蝶の習性。

考える
(7) ――線⑥「始まりなんだよ」とありますが、別れが始まりであるとはどういうことですか。春との別れ、親友との別れの両方の意味をふまえて、考えて書きなさい。　10点

てきた。

　けれど、そんな日々も、まもなく終わる――。
　⑤桜蝶が一斉に宙へと飛び上がったのは、次の瞬間《しゅんかん》のことだった。蝶はこれから旅立つのだ。さらに北の方へ向かって。
　その時、飛んでいくピンクの靄《もや》を見つめながら、白石さんがポツリと言った。

「春とはもう、お別れなんだね……。」

　それを聞いて、ハッとなった。僕の頭に別れぎわの親友の言葉がよみがえってきたからだ。

　――別れは終わりなんかじゃない。⑥始まりなんだよ――。

田丸 雅智「桜蝶」より

2 ――線のカタカナを漢字で書きなさい。　各5点

① 人のケハイがする。
② 紙をマく。
③ キセツがめぐる。
④ シセンを感じる。

1 (1)	1 (2)	1 (3)	1 (4)	1 (5)	1 (6)	1 (7)	2 ①	2 ③
					A			
					B		2 ②	2 ④

ぴたトレ 1 要点チェック

文法の小窓1 言葉の単位（漢字の練習1）

解答 p.2

1 新しく習った漢字　読み仮名《がな》を書きなさい。

①貴い（　）　②推す（　）　③試す（　）　④危うい（　）
⑤操る（　）　⑥集う（　）　⑦秘める（　）　⑧災い（　）
⑨小銭（　）　⑩花園（　）　⑪海の幸（　）　⑫基づく（　）
⑬仕業（　）　⑭値する（　）　⑮速やか（　）　⑯蔵元（　）
⑰技（　）　⑱胸板（　）　⑲一斉（　）　⑳振る（　）
㉑孤島（　）　㉒耳鼻科（　）　㉓一夕（　）　㉔暮春（　）

2 重要語句　正しい意味を下から選び、記号で答えなさい。

①（　）随筆《ずいひつ》　ア 感心してほめること。
②（　）感嘆《かんたん》　イ 体験や感想などを自由に書いた文章。

スタートアップ

言葉の単位

言葉は、大きい順に次のように分けられる。

文章…小説や随筆、詩、手紙、電子メールなどの全体。

段落…文章の中で、まとまった内容を表すまとまり。段落の変わり目は行を改め、最初の一字分をあけて書く。

文……文章や段落の中で、一つのまとまった内容を表しているひとくぎり。文の終わりには、たいていの場合、「。」（句点）をつける。「？」（疑問符《ふ》）や「！」（感嘆符）をつけることもある。

文節…文を、実際に使われる表現として不自然にならないように、できるだけ細かくくぎったひとまとまり。

例 大きい／犬が／庭を／走り回る。

単語…文節を、意味をもつ最小の部分にくぎった、一つ一つの言葉。いくつかの単語が結びついてできた複合語は一単語として数える。

例 大きい／犬／が／庭／を／走り回る。（複合語「走る」＋「回る」）

文節に分けるときは、「ネ」や「ヨ」をつけてくぎるとよいよ。

文法の小窓1 言葉の単位

タイムトライアル 10分

解答 p.2

1 次の言葉のまとまりを小さいほうから順に並べて、記号で答えなさい。

ア 文節　**イ** 文　**ウ** 文章　**エ** 単語　**オ** 段落

2 次の文章の文の数を漢数字で答えなさい。

おっ！　オムライスだ。私は、オムライスが大好物だ。トマトケチャップのあまずっぱい香りが食欲をそそり、あっという間に食べ終えた。おかわりをしたいが、母は許してくれるかな？

3 文節について答えなさい。

(1) 次の文を文節に正しく分けたものをあとから一つ選び、記号で答えなさい。

・弟が図書館で勉強をしている。

ア 弟が／図書館で／勉強を／して／いる。
イ 弟／が／図書館で／勉強をして／いる。
ウ 弟が／図書館で勉強を／している。

(2) 次の文を文節に分け、文節の区切れに「／」を書きなさい。

① 冷えた水をごくごくと飲んだ。
② 庭に小さい赤い花がたくさん咲《さ》いている。

4 単語について答えなさい。

(1) 次の文を単語に正しく分けたものをあとから一つ選び、記号で答えなさい。

・予想外のことで先生からほめられた。

ア 予想外の／ことで／先生から／ほめられた。
イ 予想外／の／こと／で／先生／から／ほめ／られ／た。
ウ 予想外／の／こと／で／先生から／ほめられ／た。

(2) 次の文を単語に分け、単語の区切れに「／」を書きなさい。

① 公園でサッカーの練習をする。
② 宇宙に関する本を読んだ。

1	2	3 (1)	3 (2) ①	3 (2) ②	4 (1)	4 (2) ①	4 (2) ②
↓ ↓ ↓ ↓			冷えた水をごくごくと飲んだ。	庭に小さい赤い花がたくさん咲いている。		公園でサッカーの練習をする。	宇宙に関する本を読んだ。

ぴたトレ 1 要点チェック

自分の脳を知っていますか

池谷《いけがや》 裕二《ゆうじ》

解答 p.3

1 新しく習った漢字　読み仮名を書きなさい。

①奇《き》妙（　　）　②癖（　　）　③比較（　　）　④抜く（　　）　⑤陥る（　　）　⑥互い（　　）

2 重要語句　正しい意味を下から選び、記号で答えなさい。

①要素（　　）
②際限（　　）
③理不尽《りふじん》（　　）
④合理的（　　）
⑤偏見《へんけん》（　　）
⑥調和（　　）

ア　ぎりぎりの限界。
イ　道理に合っていること。
ウ　物事の道理に合わないこと。
エ　つり合いがとれていること。
オ　欠かせないものや条件。
カ　かたよった考えや見方。

3 文章の要点　（　）にあてはまる言葉を入れなさい。

●「脳の奇妙な癖」
・「（①　　）効果」…選択肢《せんたくし》におとりが存在することで、ヒトの判断を変えてしまう効果。
・脳には数百種類の癖がある。
●脳の癖は、脳が（②　　）よく作動しようと努めたことの裏返し。

得点UPポイント

文章の構成を押《お》さえ、段落の役割を捉《とら》える！

序論	話題提示・問題提起
本論	事例や説明、根拠《こんきょ》
結論	まとめ・筆者の主張

段落ごとの要旨《ようし》をつかんで、左の文章を読んでみよう。

☑段落の役割
・文章の中心的な部分…明らかになったこと、主張
・文章の付加的な部分…前置き、例や事実、補足など

ぴたトレ **2** 練習

自分の脳を知っていますか

1 読解問題 文章を読んで、問いに答えなさい。 教科書36ページ16行～37ページ10行

1 脳は、必ずしも合理的に物事を判断しているのではありません。同じ選択《せんたく》でも、状況《じょうきょう》によって判断が変わります。本人は論理的に考えているつもりかもしれませんが、知らず知らずのうちに判断の方法が変わり、非合理的な決断に陥《おちい》ってしまうことがあるのです。

2 どうしてこのような奇妙な癖があるのでしょうか。

3 野生の動物を想像してください。例えば、天敵のライオンに狙《ねら》われているシマウマが、どの方角に逃《に》げるべきかをじっくりと考えていたら、その間に命を落としてしまうかもしれません。すばやく要素をしぼり、限られた要素からすばやく正確な判断ができる動物こそが、無事に生き残ることができます。

4 このことからも、判断をすばやく行うための効率化を進めた結果、脳に奇妙な癖ができたと考えられます。

池谷 裕二「自分の脳を知っていますか」より

(1) 脳の判断の説明として正しいものを次から一つ選び、記号で答えなさい。

ア 論理的に考えているので、常にすばやく正しい判断ができる。

イ 論理的に考えているわけではないので、非合理的な判断をすることもある。

ウ いざというときにしか論理的に考えられないので、たいていは非合理的な判断しかできない。

（　　）

ヒント 第1段落の内容から考えよう。

(2) ――線「どうしてこのような奇妙な癖があるのでしょうか」という問いの答えとなる一文を文章から探し、初めの五字を抜き出しなさい。

ヒント ――線部よりあとのところから探し出そう。

(3) 第3段落の役割として正しいものを次から一つ選び、記号で答えなさい。

ア 事例を出して、説明をわかりやすくする役割。

イ 話題を提示し、読者に問いかける役割。

ウ 筆者の考えを示し、結論をまとめる役割。

（　　）

ヒント 「例えば」という言葉に注目しよう。

タイムトライアル 8分

解答 p.3

ぴたトレ
3
確認テスト

自分の脳を知っていますか

時間20分

／100点
合格75点

解答
p.3

1 思考・判断・表現 文章を読んで、問いに答えなさい。

教科書37ページ11行〜39ページ6行

①すばやい判断のための直感は、長年の経験に基づいています。幼児は要素をうまくしぼることができないために、判断に時間がかかったり、判断をまちがえたりしがちですが、成長の過程で多くの経験を通じて、不要な要素をすばやく取り除くことができるようになります。よけいなことに気を配る手間が省かれ、効率よく生きられるようになります。これが②直感のもたらす最大の恩恵《おんけい》です。

しかし、直感はいつでも正しいとは限りません。特殊《とくしゅ》な条件がそろうと、③誤った判断に陥《おちい》ってしまうこともあります。クッキーの実験の例では、本来はクッキーの面積を比較《ひかく》するべきです。しかし、面積の計算には時間がかかるので、つい、幅《はば》と高さという簡単な要素にしぼって比較してしまいます。これが落とし穴になるのです。

このような脳の判断の癖《くせ》は、「おとり効果」にとどまりません。これまでに少なくとも数百種類の癖が発見されています。とはいえ、だからだめだと言っているのではありません。脳の癖は、脳が効率よく作動しようと努めたことの裏返しです。④脳そのものに罪はありません。

ただし注意してほしいことがあります。このような脳の癖は自然な現象だったとしても、もし、この癖に気づかないまま生活していたとしたら、問題を起こすことになるかもしれません。なぜなら全

(1) ──線①「すばやい判断のための直感は、長年の経験に基づいています」とありますが、幼児の判断はどのようになりがちですか。二つ答えなさい。 各10点

よく出る

(2) ──線②「直感のもたらす最大の恩恵」とはどのようなことですか。簡潔に答えなさい。 15点

(3) ──線③「誤った判断に陥ってしまう」のはなぜか説明した次の文の□にあてはまる言葉を文章から四字で抜き出しなさい。 10点

・すばやく判断するために簡単な要素に注目することが□になるから。

(4) ──線④「脳そのものに罪はありません」とありますが、それはなぜですか。簡潔に答えなさい。 10点

(5) ──線⑤「自分に対しても他人に対しても優しくなります」とありますが、それはなぜですか。次から一つ選び、記号で答えなさい。 10点

ア 脳の判断もまちがうことがあると知っていれば、むやみに失敗を悔《く》いたり、他人を責めたりしなくなるから。

イ 論理的な判断には時間がかかると知っていれば、失敗を悔いたり、他人を責めたりする時間がなくなるから。

ウ 脳の判断の仕組みを知っていれば、正しく判断できるようになり、失敗することがなくなるから。

考える

(6) ──線⑥「人間って案外とかわいいな」とありますが、なぜそのように思えてくるのですか。考えて答えなさい。 15点

員が自分の考えをいつでも正しいと信じていると、人間関係を悪くしかねないからです。誤解や偏見《へんけん》が生まれ、不調和や闘争《とうそう》さえ生じるかもしれません。

私たちの判断には脳の癖が影響《えいきょう》するものだと互《たが》いに知っていれば、よけいな誤解を避《さ》ける予防策になります。それだけではありません。⑤自分に対しても他人に対しても優《やさ》しくなります。――だって脳がそうなっているのだからしかたがない。そのうえで、どうすればよいかと考えることができます。

ヒトは、物事を自分で決めたつもりでも、実は脳の仕組みによって知らぬまに決めてしまっています。脳は一生懸命《けんめい》にはたらいてくれてはいますが、だからといって判断が常に正しいわけではありません。まちがうこともあるのが人間なのです。脳を知れば知るほど、⑥人間って案外とかわいいなと思えてくるでしょう。

池谷　裕二「自分の脳を知っていますか」より

2 ――線のカタカナを漢字で書きなさい。　各5点

① 奇《き》ミョウな絵。
② 二つをヒカクする。
③ くぎをヌく。
④ 混乱にオチイる。

1						2			
(1)	(2)	(3)	(4)	(5)	(6)	①	②	③	④

ぴたトレ 1

要点チェック

漢字の広場1　漢字の部首

解答 p.4

1 新しく習った漢字

読み仮名を書きなさい。

①違う（　） ②覚悟（　） ③素朴（　） ④刈る（　）
⑤顎（　） ⑥窒素（　） ⑦茂る（　） ⑧盗む（　）
⑨怨念（　） ⑩音痴（　） ⑪扇（　） ⑫囚人（　）
⑬恣意（　） ⑭港湾（　） ⑮妊娠（　） ⑯睡眠（　）
⑰寝室（　） ⑱表彰（　） ⑲頑固（　） ⑳免疫（　）
㉑廃棄（　） ㉒匿名（　） ㉓羅列（　） ㉔敷く（　）

2 重要語句

正しい意味を下から選び、記号で答えなさい。

①（　）恣意
②（　）才媛《さいえん》

ア 気ままな考え。
イ 教養や才能のある女性。

スタートアップ

漢字の部首

漢字を共通する形によって分類するときのめやすになるもの。「偏《へん》・旁《つくり》・冠《かんむり》・脚《あし》・垂《たれ》・構《かまえ》・繞《にょう》」などに分類できる。

・偏 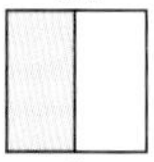 …任《にんべん》・快《りっしんべん》・柱《きへん》・泳《さんずい》など
・旁  …印《ふしづくり》・別《りっとう》・顔《おおがい》・段《るまた》など
・冠  …写《わかんむり》・安《うかんむり》・空《あなかんむり》・老《おいかんむり》など
・脚  …兄《ひとあし》・盛《さら》・志《こころ》・熱《れんが》など
・垂 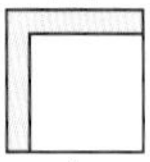 …厘《がんだれ》・床《まだれ》・病《やまいだれ》など
・構 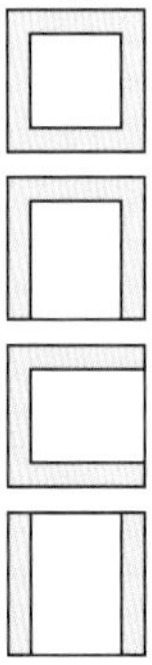 …医《かくしがまえ》・術《ゆきがまえ》など
・繞 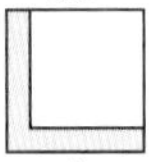 …道《しんにょう》・延《えんにょう》・起《そうにょう》など

タイムトライアル 10分

解答 p.4

1 次の漢字の部首をあとから一つずつ選び、記号で答えなさい。

① 侮　② 液　③ 姉　④ 眼　⑤ 情

ア にんべん	**イ** おんなへん	**ウ** さんずい
エ めへん	**オ** りっしんべん	

2 次の漢字の部首を抜き出しなさい。

例 仕 → イ

① 形　② 児　③ 厚　④ 国　⑤ 辺

3 次の部首の漢字をあとから一つずつ選び、記号で答えなさい。

① てへん　② こころ　③ ほこづくり

ア 戦　**イ** 村　**ウ** 意　**エ** 持　**オ** 洗

4 次の二字の熟語を作っている漢字に共通する部首を、平仮名で答えなさい。

① 薬草　② 呼吸　③ 終結　④ 賃貸《ちんたい》　⑤ 慣性

1	2	3	4
①	①	①	①
②	②	②	②
③	③	③	③
④	④		④
⑤	⑤		⑤

ぴたトレ 1
要点チェック

言葉の小窓1　日本語の音声

解答 p.5

1 これまでに習った漢字　読み仮名を書きなさい。

①留学（　）　②歌詞（　）　③難しい（　）　④最初（　）
⑤閉じる（　）　⑥基本（　）　⑦単位（　）　⑧俳句（　）
⑨規則（　）　⑩並べる（　）　⑪一覧（　）　⑫似る（　）
⑬示す（　）　⑭区別（　）　⑮実際（　）　⑯強調（　）

2 重要語句　正しい意味を下から選び、記号で答えなさい。

①（　）ボランティア　　ア　社会の役に立つ仕事をすること。
②（　）単位　　イ　民衆に古くから歌われている歌。
③（　）原則　　ウ　ものをはかる基準になるもの。
④（　）民謡《みんよう》　　エ　基本になる決まり。

スタートアップ

日本語の音節

音節とは、ひとまとまりの音として聞こえる基本的な単位で、仮名一文字で表される音のほとんどは、子音《しいん》と母音《ぼいん》の組み合わせでできている。

・清音　例「ア」「カ」「サ」など　　・促音《そくおん》　例「ッ」
・濁音《だくおん》　例「ガ」「ブ」など　　・撥音《はつおん》　例「ン」
・半濁音　例「パ」「プ」など　　・長音　例「ー」
・拗音《ようおん》　例「キャ」「キュ」など

アクセント

アクセントとは、言葉によってどこを高く、どこを低く発音するかという、音の高低のことである。

イントネーション

イントネーションとは、文を読むときの音の高低などの、言葉のまとまり全体の調子のことである。

アクセントやイントネーションで言葉の意味や伝わる内容が変わるよ。

1 日本語の音節について答えなさい。

(1) 次の音にあてはまるものをあとから選び、記号で答えなさい。

① サ　② オ　③ カ
④ ユ　⑤ イ　⑥ ケ

ア 母音《ぼいん》だけ	イ 子音《しいん》＋母音

(2) 次の——線の言葉の中に含《ふく》まれている音節の種類をあとから一つずつ選び、記号で答えなさい。

① 少し待っていて下さい。
② 新しいマフラーを買ってもらった。
③ 今回は、私がやります。
④ せんべいをパリパリと割った。
⑤ 学校に直接向かう。
⑥ ガラスの向こうに空が見える。

ア 拗音《ようおん》	イ 撥音《はつおん》	ウ 濁音《だくおん》
エ 長音	オ 半濁音	カ 促音《そくおん》

2 次の言葉を共通語のアクセントで言うとき、高く発音する部分をそれぞれ記号で答えなさい。

① 雨（㋐あ　㋑め）　② 飴（㋐あ　㋑め）
③ 紙（㋐か　㋑み）　④ 神（㋐か　㋑み）

3 イントネーションについて答えなさい。

(1) 次の（　）の内容を表す方法として適切なものをあとから一つ選び、記号で答えなさい。

・私は甘《あま》いものが大好きです。（甘いものを強調する。）

ア 「甘いもの」という言葉を強く発音する。
イ 「大好きです」という言葉を強く発音する。
ウ 「私は」という言葉を強く発音する。
エ 一語ずつゆっくり正確に発音する。
オ 文の終わりを上げながら発音する。

(2) 次の文で、末尾《まつび》を上げ調子で読むほうを、それぞれ記号で答えなさい。

① **ア** おなかがいっぱいなので、これ以上は食べない。
　イ せっかくメロンをいただいたから少し食べない。
② **ア** あなたはいつからここで待っていたのですか。
　イ ずいぶん探したが、こんなところにあったのか。

1 (1)		1 (2)		2	3
①	⑤	①	⑤	①	(1)
②	⑥	②	⑥	②	(2) ①
③		③		③	②
④		④		④	

ぴたトレ 1
要点チェック

ベンチ

ハンス＝ペーター＝リヒター／上田《うえだ》 真而子《まにこ》訳

解答 p.6

1 新しく習った漢字　読み仮名を書きなさい。

①僕（　） ②我慢（　） ③郊外（　） ④匂う（　）
⑤爪（　） ⑥提げる（　） ⑦袋（　） ⑧眺める（　）
⑨裂ける（　） ⑩幼稚（　） ⑪田舎（　） ⑫鍋（　）
⑬交換（　） ⑭玄関（　） ⑮挨拶（　） ⑯乳母（　）
⑰恥じる（　） ⑱腰（　） ⑲膝（　） ⑳載せる（　）
㉑恐れる（　） ㉒転倒（　） ㉓休暇（　） ㉔叱る（　）

2 重要語句　正しい意味を下から選び、記号で答えなさい。

①（　）気が気でない　　ア　心が奪《うば》われている様子。
②（　）うわのそら　　イ　とても心配である様子。

3 作品の背景　（　）にあてはまる言葉を後の〈　〉から選んで入れなさい。

●時代背景…第二次世界大戦中の（①　　）。
●社会状況《じょうきょう》…ドイツでは、ナチスの政策で、ユダヤ人は差別され、（②　　）されていた。

〈ドイツ　フランス　重用　迫害《はくがい》〉

4 登場人物　（　）にあてはまる言葉を入れなさい。

●「僕」…フリードリヒに話しかけられる。文章は、フリードリヒが「僕」に語っているという形式で書かれている。
●フリードリヒ（「僕」）…ユダヤ人。（①　　）に恋《こい》をしていて、ある日曜日、一緒《いっしょ》に公園に出かける。
●ヘルガ…幼稚園で働く女の子。フリードリヒが（②　　）だと知っても態度を変えなかった。

当時のドイツは、ナチスの政策によって、大勢のユダヤ人が差別されたり、殺されたりしたよ。そのことを踏まえて文章を読んでいこう。

タイムトライアル 8分

解答 p.6

1 読解問題　文章を読んで、問いに答えなさい。

教科書53ページ下12行～54ページ下2行

　僕は大急ぎで知り合いの家に行ってスパゲッティを受け取ると、帰り道、その幼稚園に寄って、①いつも夕方の何時頃《ごろ》に終わるのか尋《たず》ねた。

　それから、僕は毎日夕方になるとその幼稚園に行って、立って待っていた。ヘルガが出てくると、ヘルガの目につくように、すっと歩き始めた。そして彼女《かのじょ》が僕の方を見るのを待って、挨拶した。

　初め、彼女はびっくりした。びっくりして目をぱっと開くと、もっときれいになるんだ！　夜、僕はもう、ヘルガの夢ばかり見た。

　一週間たつと、毎晩、彼女の家まで送っていくようになったんだ。②あのうれしかった気持ち、君には説明できないな！　僕たちは、話はあまりしなかった。ただ並んで歩いていられるだけで、よかったんだ。ときどき、ヘルガが横から僕の顔をじっと見ていた。……だけどさ、③ヘルガは僕がフリードリヒ＝シュナイダーという名前だということしか知らなかったんだよな。それ以外のことは、なんにも知らなかった。僕も話せなかった。話したら、もう会えなくなるもの。

ハンス＝ペーター＝リヒター／上田　真而子訳「ベンチ」〈あのころはフリードリヒがいた〉より

(1)　――線①「いつも夕方の何時頃に終わるのか尋ねた」のは、なぜですか。次から一つ選び、記号で答えなさい。

ア　ヘルガに会わないようにしたかったから。
イ　ヘルガが本当に働いているのか確かめたかったから。
ウ　ヘルガにまた会いたいと思ったから。

（　　）

ヒント　フリードリヒのその後の行動から考えよう。

(2)　――線②「あのうれしかった気持ち」とありますが、フリードリヒがヘルガに夢中になっていたことが最もよく表れている一文を文章から探し、初めの五字を抜き出しなさい。

□□□□□

ヒント　夢中になると、どのようになってしまうだろう。

(3)　――線③「ヘルガは僕がフリードリヒ＝シュナイダーという名前だということしか知らなかったんだ」とありますが、なぜですか。次の□にあてはまるように、文章から八字で抜き出しなさい。

・フリードリヒが、ヘルガと□ことを恐《おそ》れて、それ以外のことを話さなかったから。

□□□□□□□□

ヒント　名前以外を話すと、どうなってしまうか考えよう。

ぴたトレ 3 確認テスト

ベンチ

時間20分

／100点

合格75点

解答 p.6

1 思考・判断・表現 文章を読んで、問いに答えなさい。

教科書55ページ下3行～57ページ上14行

『どうしておかけにならないの?』ってヘルガがきいたけど、言い訳も思いつかなかった。『おかけなさいよ!』と言われて、僕《ぼく》は本当に腰《こし》を下ろしてしまった。

でも、気が気じゃなかった。知ってる人が通りかかりでもしたら、と思ってね。だから、①もぞもぞしてたんだな。

ヘルガはそれに気がついた。そしてハンドバッグから小さいチョコレートを出して割ると、僕にくれた。

いつからチョコレートを食べてなかったことか。だけど、おいしいとは思わなかった。②うわのそらだったから。お礼を言うのさえ忘れていた。

ヘルガは詩集を膝《ひざ》の上に載《の》せていたんだけど、それは読まないで、僕をじっと見つめていた。そしてときどき、なんか尋《たず》ねた。なんて答えたのか、覚えていない。ただもう緑のベンチが恐《おそ》ろしくて、他のことは何も考えられなかった。

急に、ヘルガが立ち上がった。そして③僕の腕《うで》に手をかけると、引っぱっていった。

いくらも行かないうちに、黄色のベンチのところに来た。《ユダヤ人専用》って書いてあるベンチさ。

ヘルガはそのベンチの前に立ち止まると、僕にきいたんだ。『このほうが落ち着いていてかけていらっしゃれるの?』って。

(1) ——線①「もぞもぞしてたんだな」とありますが、なぜだと考えられますか。次から一つ選び、記号で答えなさい。 10点

ア 女の子と一緒にいることに慣れていなかったから。

イ 緑のベンチに座っているところを見られたくなかったから。

ウ ヘルガにうそをついていることが心苦しかったから。

エ 朝から何も食べていなかったので空腹だったから。

(2) ——線②「うわのそらだった」について、次の問いに答えなさい。

① この部分と同じような意味を表している言葉をこれより前の文章から九字で抜き出しなさい。 10点

② このときの「僕」の気持ちを最もよく表している一文をこれよりあとの文章から探し、初めの五字を抜き出しなさい。 10点

(3) ——線③「僕の腕に手をかけると、引っぱっていった」とありますが、ヘルガはなぜそうしたのですか。次の□にあてはまる言葉を、文章から八字で抜き出しなさい。 10点

・「僕」が□いられるようにしてあげたかったから。

よく出る

(4) ——線④「どうしてわかったんだい?」とありますが、ヘルガは何をわかったのですか。考えて答えなさい。 10点

(5) ——線⑤「黄色いベンチなんてないわよ!」とありますが、このときのヘルガの気持ちを考えて答えなさい。 15点

考える

(6) ——線⑥「僕は、彼女に思いとどまらせようとした」とありますが、なぜですか。考えて書きなさい。 15点

僕はぎくりとした。『④どうしてわかったんだい？』

すると、ヘルガは、その黄色いベンチに腰を下ろしたんだ！ そして、『そう思ったの！』と言った。なんでもないことのように、さらりと言ったんだ！

だけど、彼女《かのじょ》と一緒《いっしょ》にユダヤ人用のベンチに座《すわ》ることなどできやしないだろ。僕は慌《あわ》ててヘルガを引っぱって立たせると、家に送っていった。せっかくの日曜日だったのに！ 残念で残念で、大声をあげて泣きたかった。そのまま腕を組んで散歩を続けて、話し合うこともできたのかもしれないけど、僕はもうすっかり気が転倒《てんとう》してしまっていたんだ。

ところが、家に送ってゆく間中《じゅう》、ヘルガは、ユダヤ人と一緒に遊びに出かけたことなどなんでもないというふうにふるまってくれるんだよ。自分の家のことや、幼稚園《ようちえん》の子どものことや、休暇《きゅうか》のことなんか話してね。僕の手を取って、しっかり握《にぎ》りしめて、だよ。

家の前まで来ると、ヘルガは立ち止まった。そして、長いこと、じっと僕を見つめた。それから、こう言ったんだ。『来週の日曜日も一緒にどこかへ行きましょう。町の公園じゃなくて、郊外《こうがい》の森に行きましょうよ。そうすれば、⑤黄色いベンチなんてないわよ！』って。

⑥僕は、彼女に思いとどまらせようとしたんだけど、半分も聞かないで、さっと家の中に入ってしまったんだ。

ハンス＝ペーター＝リヒター／上田 真而子訳「ベンチ」〈あのころはフリードリヒがいた〉より

2 ――線のカタカナを漢字で書きなさい。 各5点

① ダマっていられない。
② 店のドアをオす。
③ 魚をアミですくう。
④ ベルがトツゼン鳴りだす。

1 (1)	1 (2) ①	1 (2) ②	1 (3)	1 (4)	1 (5)	1 (6)	2 ①	2 ③

2 ②	2 ④

ぴたトレ 1
要点チェック

全ては編集されている

池上《いけがみ》 彰《あきら》

解答 p.7

1 これまでに習った漢字 読み仮名を書きなさい。

①字幕（　　） ②収録（　　） ③警察（　　） ④消防（　　）
⑤担当（　　） ⑥講堂（　　） ⑦式辞（　　） ⑧技術（　　）
⑨提出（　　） ⑩映像（　　） ⑪興味（　　） ⑫疑問（　　）
⑬発揮（　　） ⑭波乱（　　） ⑮可能（　　） ⑯危険（　　）

2 重要語句 正しい意味を下から選び、記号で答えなさい。

①（　　）取材
②（　　）披露《ひろう》
③（　　）感心
④（　　）威力《いりょく》

ア 立派だと思うこと。
イ 大勢に知らせたり見せたりすること。
ウ 記事を書くための材料を集めること。
エ 他をおさえつけるような強い力。

3 内容 （　）にあてはまる言葉を入れなさい。

●消防学校の卒業式の取材…筆者が駆《か》け出し記者だったころ、消防学校の卒業式を取材し、できごとを（①　　）に記した原稿《げんこう》を書いた。ベテランのデスクは、その原稿を（②　　）からという理由で、できごとの順番を逆にした。

●結婚《けっこん》式の映像…結婚式の映像のあとに、美しい花の映像をつなぐと、（③　　）な結婚のイメージ、嵐《あらし》が近づく空の映像をつなぐと、（④　　）の結婚生活を予感させる。

←

編集によって、嘘《うそ》はつかずに視聴《しちょう》者に（⑤　　）イメージを与《あた》えることも可能。

全ては編集されている

1 読解問題　文章を読んで、問いに答えなさい。

教科書63ページ上16行～下13行

　編集の技法は、とりわけドキュメンタリーの場合に①威力《いりょく》を発揮します。
　例えば、ある結婚《けっこん》式のシーンだとします。結婚式の映像のあとに、美しい花の映像をつなぐと（これをイメージショットといいます）、幸せな結婚のイメージが伝わります。
　ところが、結婚式の映像に、嵐《あらし》が近づく空の映像をつなぐと、波乱の結婚生活を予感させます。コメントをつけなくとも、視聴《しちょう》者が、そんなイメージをもってくれるのです。②映像をして語らしめる、とは、こういうことなのですね。
　しかし、この手法を悪用すれば、作り手として嘘《うそ》はつかずに視聴者にまちがったイメージを与《あた》えることも可能です。編集というものの、可能性と③危険性がおわかりいただけたでしょうか。メディアにふれるときは、「全ては編集されている」という自覚をもつようにしましょう。

池上 彰「全ては編集されている」〈池上彰のメディア・リテラシー入門〉より

(1) ――線①「威力を発揮します」とは、ここではどういうことですか。あてはまるものを次から一つ選び、記号で答えなさい。
ア 編集の練習にちょうどよいということ。
イ 編集の難しさを実感できるということ。
ウ 編集による効果がよく出るということ。

ヒント 「威力を発揮する」は、「力が表れる」ということだね。

（　　）

(2) ――線②「映像をして語らしめる」とは、どういうことですか。あてはまるものを次から一つ選び、記号で答えなさい。
ア 言葉ではなく、映像でイメージを伝えるということ。
イ 映像についての感想を語るということ。
ウ 映像に言葉による説明をつけるということ。

ヒント 「～しめる」は「～させる」という意味だよ。

（　　）

(3) ――線③「危険性」とありますが、編集の危険性とはどういうものですか。□にあてはまる言葉を、文章からaは一字、bは五字で抜き出しなさい。
・悪用すれば［a］はつかずに［b］イメージを与えられる。

a □
b □□□□□

ヒント 編集の「可能性」は、イメージを効果的に伝えられることだね。

ぴたトレ 1 要点チェック

漢字の広場2 画数と活字の字体

解答 p.7

1 新しく習った漢字 読み仮名を書きなさい。

① 索引（　　）
② 滋養（　　）
③ 抑制（　　）
④ 逮捕《ほ》（　　）
⑤ 陵墓（　　）
⑥ 隙間（　　）
⑦ 狩猟（　　）
⑧ 詣でる（　　）
⑨ 畜産（　　）
⑩ 崖（　　）
⑪ 海亀（　　）
⑫ 産卵（　　）
⑬ 熟れる（　　）
⑭ 納得（　　）
⑮ 健やか（　　）
⑯ 廊下（　　）
⑰ 掃除（　　）
⑱ 一周忌（　　）
⑲ 近郷（　　）
⑳ 干潟（　　）
㉑ 瓶（　　）
㉒ 食卓（　　）
㉓ 葛藤（　　）
㉔ 京浜（　　）

2 重要語句 正しい意味を下から選び、記号で答えなさい。

①（　　）誇張《こちょう》　　ア 大げさに表現すること。
②（　　）遺言《ゆいごん》　　イ 死ぬときに言い残す言葉。

スタートアップ

「画」と「画数」

・画…漢字を書くとき、ひと筆で書ける点や線。
・画数…画を合計した数。

活字の字体

・明朝体《みんちょう》…本や新聞で一般《いっぱん》的に使われている活字。デザインを重視して作られていて、誇張《こちょう》されている部分がある。
・教科書体…文字を書くときの手本になるように、書かれた文字を基本にして作られている。

※他にも全ての画が同じ太さになるように作られた「ゴシック体」など、さまざまな活字の字体がある。

明朝体	教科書体	ゴシック体
絵道	絵道	絵道
装奈	装奈	装奈

タイムトライアル
10分

解答
p.7

1 画数について答えなさい。

(1) 次の漢字の総画数を算用数字で書きなさい。

① 廊　② 近　③ 遠　④ 比

(2) 次の漢字の中から総画数が最も少ないものを一つ選び、記号で答えなさい。

ア 畜　イ 鹿　ウ 狩　エ 廊

(3) 次の総画数の漢字をあとから選び、記号で答えなさい。

① 七画　② 十画　③ 十一画　④ 十五画

ア 索　イ 潟　ウ 抑　エ 郷

2 活字の字体について答えなさい。

(1) 次の漢字の中から①明朝体《みんちょう》、②教科書体を二つずつ選び、記号で答えなさい。

ア 狩　イ 滋　ウ 畜　エ 族　オ 崖

(2) 次の字の字体としてあてはまるものをあとから一つずつ選び、記号で答えなさい。

① 亀　② 心　③ 除　④ 人

ア 明朝体　イ 教科書体

(3) 次の説明にあてはまる活字の字形をあとから一つずつ選び、記号で答えなさい。

① 書くときの文字の形を確認《かくにん》するときに便利である。
② 本や新聞などで広く使われている。
③ 読みやすさを重視してデザインされている。
④ 画数を数えやすい。

ア 明朝体　イ 教科書体

1			2		
(1)	(2)	(3)	(1)	(2)	(3)
①		①	①	①	①
②		②	②	②	②
③		③		③	③
④		④		④	④

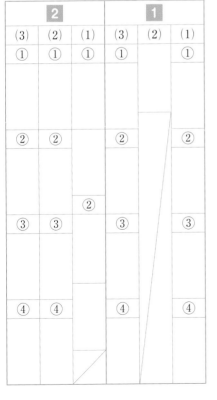

ぴたトレ 1
要点チェック

持続可能な未来を創るために――人の暮らし方を考える「エシカル」に生きよう

末吉《すえよし》 里花《りか》

解答 p.8

1 これまでに習った漢字 読み仮名を書きなさい。

①紅茶（　　） ②工程（　　） ③背景（　　） ④難しい（　　）
⑤容易（　　） ⑥資源（　　） ⑦綿花（　　） ⑧農耕（　　）
⑨法律（　　） ⑩地域（　　） ⑪人権（　　） ⑫改善（　　）
⑬規模（　　） ⑭実態（　　） ⑮調査（　　） ⑯深刻（　　）
⑰胃（　　） ⑱母乳（　　） ⑲誤る（　　） ⑳暮らす（　　）

2 重要語句 正しい意味を下から選び、記号で答えなさい。

①（　　）劣悪《れつあく》　**ア** 状態などがひどく悪いこと。
②（　　）従事　**イ** 細かく心を配ること。
③（　　）配慮《はいりょ》　**ウ** 仕事にたずさわること。

3 要点 （　）にあてはまる言葉を入れなさい。

●製品の背景…人や地球環境《かんきょう》が犠牲《ぎせい》になっているかもしれない。
劣悪な環境での長時間労働、児童労働、
（①　　　）の破壊《はかい》など。

●「エシカル消費」…人や地球環境の犠牲の上に立っていない製品を購入《こうにゅう》すること。＝「（②　　　）が見える消費」
・貧困《ひんこん》・人権・気候変動という三つの課題を同時に解決していくために有効な概念《がいねん》。

●「プラスチックごみ」による海洋汚染《おせん》の例
・世界で年間（③　　　）トンのプラスチックごみが海に流出。
・打ち上げられたシロナガスクジラの赤ちゃんの胃の中に大量のプラスチックが発見される。
↓プラスチック製ストローや（④　　　）の利用
廃止、回収などの取り組み。
←
見えないものを見ようとする力を育むことが大切。

「エシカル」に生きよう

タイムトライアル 8分

解答 p.8

1 読解問題 文章を読んで、問いに答えなさい。

教科書81ページ上10行～下12行

皆《みな》さんは「エシカル」という言葉を聞いたことがありますか。エシカルとは、直訳すると「倫理《りんり》的な」という意味で、法律の縛《しば》りはないけれども多くの人が正しいと思うこと、または社会的規範《きはん》を指す言葉です。最近、日本でも「エシカル消費」が注目され始めています。ここでいうエシカルとは、人や地球環境《かんきょう》、社会、地域に配《はい》慮《りょ》した考え方や行動のことをいいます。つまり、エシカルな消費とは、人や地球環境の犠牲《ぎせい》の上に立っていない製品を購入《こうにゅう》することであって、いわば「顔や背景が見える消費」ともいえます。

今、世界の緊急《きんきゅう》課題である、貧困《ひんこん》・人権・気候変動の三つの課題を同時に解決していくために、この「エシカル」という概念《がいねん》が有効だといわれています。

例えば、Tシャツをエシカルな観点から購入するとは、どういうことでしょうか。働く農家にも、土壌《どじょう》にも優《やさ》しい有機栽培《さいばい》された綿を使って作られるオーガニックコットンのTシャツや、途上《とじょう》国の生産者に適正な価格を支払《しはら》い、彼らの生活改善と自立を目ざすフェアトレードのTシャツ、丈夫《じょうぶ》で長持ちする品質の良いTシャツ、リサイクルが可能な素材を使用したTシャツ、古着としても人気が出そうな飽《あ》きのこないデザインのTシャツなど、実に多様な選択肢《せんたくし》があります。

末吉 里花「『エシカル』に生きよう」より

(1) ――線「エシカル消費」について、答えなさい。

① 「エシカル消費」を言い換えた言葉を文章から十字で抜き出しなさい。

ヒント 言葉を言い換えるときの表現を探そう。

② 「エシカル消費」をすることで、どのような課題を解決することができますか。文章から三つ抜き出しなさい。

（　　）（　　）（　　）

ヒント 第二段落に注目しよう。

(2) 上の文章の内容を説明したものとしてあてはまるものを次から一つ選び、記号で答えなさい。

ア 人や地球環境、社会、地域に配慮した消費をすることで、世界の課題を解決していくことができる。

イ エシカル消費を法律として制定することによって、世界規模の課題を解決していくことができる。

ウ エシカル消費には多様な選択肢があり、どれを選んでいいかわかりづらいという問題がある。

（　　）

ヒント 筆者は「エシカル消費」をどう説明しているだろう。

ぴたトレ 1 要点チェック

森には魔法つかいがいる

畠山《はたけやま》 重篤《しげあつ》

解答 p.8

1 新しく習った漢字　読み仮名を書きなさい。

①（　）魔法　②（　）入り江　③（　）泥水　④（　）粒子　⑤（　）壊滅《めつ》

2 重要語句　正しい意味を下から選び、記号で答えなさい。

①（　）深刻　②（　）優先　③（　）しわ寄せ　④（　）価値観　⑤（　）目方　⑥（　）確信

ア 何を重要だと思うかという考え。
イ あることが他に及《およ》ぼす悪い影響《えいきょう》。
ウ 他よりも先にすること。
エ 重さ。重量。
オ 差し迫《せま》って重大な様子。
カ 確かだと強く信じること。

「価値感」ではないよ。気をつけよう。

3 要点　（　）にあてはまる言葉を入れなさい。

●大きな問い
（①　　　　）とは何か。

●答え
正体は、（②　　　　）。

得点UPポイント

問いと答えに注目して、論理の展開を捉《とら》える！

☑ 問いの表現によって、読み手の興味や関心をひいている。
・……を知っていますか。
・なぜ／どうして……なのでしょうか。
・……ではないでしょうか。

☑「森には魔法つかいがいる」は、問いと答えを繰り返して、論を展開している。

問いと答えに注目して、左の文章を読んでみよう。

ぴたトレ **2** 練習

森には魔《ま》法《ほう》つかいがいる

タイムトライアル 8分

解答 p.8

1 読解問題　文章を読んで、問いに答えなさい。

教科書92ページ14行〜93ページ14行

皆《みな》さんも、鉄が人間にとって大切な栄養素であることは知っていますよね。

血液中にある赤血球は、鉄を含《ふく》んだ細胞《さいぼう》です。赤血球はその鉄に酸素をつけて、体のすみずみまで運んでいます。鉄は酸素と仲よしなのです。酸素のおかげで、私たちは脳をはたらかせ、体を動かすことができます。酸素を届けた赤血球は、今度は不要になった二酸化炭素を受け取り、肺から放出します。これが呼吸の仕組みです。

酸素や二酸化炭素をつけたり放したり、……こんな芸当をこれほどまで効率よくできるのは鉄だけです。

では、植物と鉄とは、どのような関係にあるのでしょう。

皆さんは、植物が光合成をしているのは知っていますね。植物の緑色のもとである葉緑素が光合成を行っています。その葉緑素を作るのには、鉄が必要なのだそうです。

それから、植物が育つためには、肥料の中の窒素やリン酸などを取り込《こ》まなければなりません。そのときにも、鉄の助けが不可欠です。

鉄は、岩石や土の中に含まれています。実は、地球の目方の三分の一は鉄なのだそうです。地球は鉄の惑星《わくせい》なのです。

畠山　重篤「森には魔法つかいがいる」より

---

(1) ——線「鉄が人間にとって大切な栄養素である」とありますが、鉄は人間の体内でどのようなはたらきをしていますか。あてはまるものを次から一つ選び、記号で答えなさい。

ア　酸素を運び、脳や体を動かすはたらき。
イ　酸素を運びながら、二酸化炭素を作るはたらき。
ウ　酸素と強く結びついたまま、体内をめぐるはたらき。

（　　）

ヒント　第二段落に注目しよう。

(2) 問いと答えについて、答えなさい。

① 上の文章から問いを表す文を探し、初めの五字を抜き出しなさい。

ヒント　問いを表す表現に注目しよう。

② ①の問いに対する答えを説明した文の□にあてはまる言葉を、文章からそれぞれ三字で抜き出しなさい。

・植物が、光合成をするのに必要な a を作ったり、肥料の中の栄養を取り込んだりするために鉄が b であるという関係。

a

b

ヒント　問いに続く段落に注目しよう。

ぴたトレ 3 確認テスト

森には魔《ま》法《ほう》つかいがいる

時間20分
／100点
合格75点
解答 p.8

1 思考・判断・表現

文章を読んで、問いに答えなさい。

教科書93ページ13行～96ページ7行

　鉄は、岩石や土の中に含《ふく》まれています。実は、地球の目方の三分の一は鉄なのだそうです。①地球は鉄の惑星《わくせい》なのです。

　ところが、水に溶けだした鉄は、酸素と出会うと粒子《りゅうし》（粒々《つぶつぶ》の塊《かたまり》）となって沈《しず》んでしまいます。ですから、海にはもともと鉄が少なく、そのために植物プランクトンが少ないのです。

「けれど、沈まない鉄があることがわかったのですよ！」

と、松永《まつなが》先生は言いました。

　カキの餌《えさ》となる植物プランクトンも植物です。カキの養殖《ようしょく》場である河口では、周りの海に比べ、植物プランクトンがたくさん発生しています。②ということは、そう！川の水が、沈まない鉄を運んでいるということではないでしょうか。

「森林の腐葉土《ふようど》では、『フルボ酸』という物質が生まれます。フルボ酸が鉄に結びつくと、重い粒子にはならずに『フルボ酸鉄』となって、川の水に流されてきて、海中

(1) ――線①「地球は鉄の惑星」とは、どういうことですか。あてはまるものを次から一つ選び、記号で答えなさい。 10点

ア 地球は鉄のように重い惑星であるということ。
イ 地球は鉄を大量に含む惑星であるということ。
ウ 地球は鉄よりも美しい惑星であるということ。

(2) ――線②「ということは、そう！」とありますが、どのような事実から、どのようなことがわかったのですか。簡単に説明しなさい。 15点

(3) ――線③「津波によって海は壊滅的な被害を受け」とありますが、このとき筆者が考えたことを文章から五字で抜き出しなさい。 10点

よく出る
(4) ――線④「少しずつ生き物が戻ってきました」とありますが、それはなぜですか。簡潔に答えなさい。 15点

考える
(5) 〰〰線A・Bについて、答えなさい。

① 〰〰線Aの「魔法つかい」とは何のことですか。文章から五字で抜き出しなさい。 15点

② 〰〰線B「森には魔法つかいがいた」には、筆者のどのような気持ちがこめられていますか。考えて書きなさい。 15点

に浮遊《ふゆう》するのです。」
A"森には魔法《まほう》つかいがいる"——魔法つかいの正体は、「フルボ酸鉄」だったのです。

　そして、それからまた三十年が過ぎました。漁師による森づくりは現在まで続き、森は大きくなり、川もきれいになりました。流域の人々が同じ気持ちで川を汚《よご》さないように取り組んだ結果、豊かな海がよみがえっていました。

　しかし、活動を続けて二十三年めの二〇一一（平成二十三）年三月、東日本大震災《しんさい》が起きました。③津波《つなみ》によって海は壊滅《かいめつ》的な被害《ひがい》を受け、海から生き物の姿が全く消えてしまったのです。

　海は死んだと思いました。ところが、五月になると④少しずつ生き物が戻《もど》ってきました。大津波のあとの環境《かんきょう》調査に来られた京都大学の田中克《たなかまさる》先生が、顕微鏡《けんびきょう》をのぞいておっしゃったのです。

「海の中には、カキが食べきれないほど植物プランクトンがいます。これは、長年、海の背景にある森と川の環境を整えてきたことが功を奏しています。」と。

　これで、養殖業は再開できると、確信した瞬間《しゅんかん》でした。震災でも、森は壊《こわ》れませんでした。そして川は、森の鉄を海へと届け続けていました。

　やはり、B森には魔法つかいがいたのです。

畠山　重篤「森には魔法つかいがいる」より

2　——線のカタカナを漢字で書きなさい。　各5点

① エド時代の将軍。
② ドロボウがつかまる。
③ オオツブの雨が降る。
④ 機械がコワれる。

1 (1)	1 (2)	1 (3)	1 (4)	1 (5) ①	1 (5) ②	2 ①	2 ②	2 ③	2 ④

ぴたトレ 1
要点チェック

文法の小窓2 文の成分
（漢字の練習2）

解答 p.9

1 新しく習った漢字　読み仮名を書きなさい。

① 先輩（　　）
② 費やす（　　）
③ 本棚（　　）
④ 伴う（　　）
⑤ 漫画（　　）
⑥ 謎（　　）
⑦ 庶民（　　）
⑧ 虎（　　）
⑨ 交響楽（　　）
⑩ 扉（　　）
⑪ 普通（　　）
⑫ 穂（　　）
⑬ 報酬（　　）
⑭ 叫ぶ（　　）
⑮ 握手（　　）
⑯ 慌てる（　　）
⑰ 注釈（　　）
⑱ 五月（　　）
⑲ 立ち退く（　　）
⑳ 大和（　　）

2 重要語句　正しい意味を下から選び、記号で答えなさい。

①（　　）発揮
②（　　）違和感
③（　　）密接

ア 深いつながりがある様子。
イ 力を十分に出し切ること。
ウ しっくりいかない感覚。

スタートアップ

主語・述語

主語…「何（誰《だれ》）が」にあたる文節。
述語…「どうする」「どうである」「何だ」「ある・いる」などにあたる文節。

例 雨が（主語）　降る。（述語）

修飾語《しゅうしょくご》…「どんな」ものであるのかなどを詳《くわ》しく述べる文節を修飾語、修飾されるほうの文節を被《ひ》修飾語という。
体言《たいげん》（事物や人などを表す言葉）を修飾する成分を連体修飾語、用言《ようげん》（動作・作用・存在・性質・状態などを表す言葉）を修飾する成分を連用修飾語という。

例 激しい（連体修飾語）　雨が　ザアザアと（連用修飾語）　降る。

接続語…原因や理由などを表してあとの文節につながる文節。
独立語…他の文節とは直接にはつながらない文節。
並立《へいりつ》の関係…二つ以上の文節が対等に並ぶ関係。
補助の関係…一方の文節が他方の実質的な意味を補助する関係。
連文節…二つ以上の文節がひとまとまりになる文節。
→主部・述部・修飾部・接続部・独立部

ぴたトレ 2

練習

文法の小窓2　文の成分

タイム トライアル 10分

解答 p.9

1 次の文から主語と述語をそれぞれ一文節で抜き出しなさい。

① 母は昨日、庭の花壇《かだん》に花の種を植えた。

② 私たちも行きます、駅前の書店に。

2 次の文の――線の修飾語《しゅうしょく》が修飾する文節を一文節で抜き出しなさい。

① 冷たいプールで泳ぐのは、とても気持ちがいい。

② 最も好きな映画です、あの映画は。

③ 三日前に私は祖母から誕生日のプレゼントをもらった。

④ 光る竹が山の中に一本立っていた。

3 次の文から（　）にあたる文節を抜き出しなさい。

① こんにちは、寒いですね。（独立語）

② 雨なので、外出できません。（接続語）

③ 田中さん、一緒《いっしょ》に図書館に行こうよ。（独立語）

4 次の文から、（　）の関係になっている二文節を抜き出しなさい。

① 室内の明かりが消えている。（補助の関係）

② 教室の窓や床《ゆか》を掃除しよう。（並立の関係）

③ 家族が集まると、全く静かでない。（補助の関係）

5 次の文の――線の連文節は、どんな文の成分にあたりますか。あてはまるものをあとから一つずつ選び、記号で答えなさい。

① 子どもたちが、笑いながら歩いていった。

② 運動会は、天気さえよければ実施《じっし》されるだろう。

③ 高いビルが人々を呼んでいる。

④ 夢にまで見た決勝戦、これからその試合に臨《のぞ》む。

⑤ 母は、お昼発の電車で東京に行きます。

ア 主部　**イ** 述部　**ウ** 修飾部　**エ** 接続部　**オ** 独立部

1		2		3		4			5
① 主語	② 主語	①	③	①	③	①	②	③	①
述語	述語	②	④	②					②
									③
									④
									⑤

ぴたトレ 1
要点チェック

昔話と古典 ―箱に入った桃太郎《ももたろう》―

解答 p.9

1 これまでに習った漢字

読み仮名を書きなさい。

①寝る（　　）
②収める（　　）
③江戸（　　）
④奈良（　　）
⑤地域（　　）
⑥異なる（　　）
⑦誕生（　　）
⑧違う（　　）
⑨割れる（　　）
⑩展開（　　）
⑪以降（　　）
⑫出版（　　）
⑬亀（　　）
⑭若者（　　）
⑮採る（　　）
⑯絶つ（　　）
⑰恩（　　）
⑱要素（　　）
⑲反映（　　）
⑳豊か（　　）

2 重要語句

正しい意味を下から選び、記号で答えなさい。

①（　　）特色
②（　　）感受性

ア ものごとを心で感じ取る能力。
イ 他と比べて違うところ。

スタートアップ

歴史的仮名遣《かなづか》い

古典で使われている仮名遣い。現代の仮名遣いとは異なるので、注意が必要。

① 語中・語尾《ごび》の「は」「ひ」「ふ」「へ」「ほ」
　→「ワ」「イ」「ウ」「エ」「オ」
　例 いきほひ→イキオイ　うへ→ウエ

② 次のような「む」「なむ」→「ン」「ナン」
　例 書かむ→カカン　竹なむある→タケナンアル

③ 母音の連続は伸《の》ばす音に
・「ア段」＋「う・ふ」→「オ段」の長音（au→ô）
・「イ段」＋「う・ふ」→「ユウ・○ュウ」（iu→yû）
・「エ段」＋「う・ふ」→「○ョウ」（eu→yô）
　例 まうす→モウス　てふ→チョウ

④ 「ゐ」「ゑ」「を」→「イ」「エ」「オ」
　例 ゐる→イル　こゑ→コエ　をとこ→オトコ

⑤ 「ぢ」「づ」→「ジ」「ズ」
　例 はぢ→ハジ

⑥ 「くわ」「ぐわ」→「カ」「ガ」
　例 くわじ→カジ（火事）

ぴたトレ 2 練習

昔話と古典――箱に入った桃太郎《ももたろう》――

タイムトライアル 8分

解答 p.9

1 読解問題 文章を読んで、問いに答えなさい。

教科書110ページ1行～111ページ2行

A　まだ桃《もも》は流れて来ぬに子は寝入り

B　真白《まっしろ》になつて浦島《うらしま》くやしがり

C　その後《のち》はこはごは翁《おきな》竹を割り

右の三句は、『誹風柳多留《はいふうやなぎだる》』に収められている江戸時代の川柳《せんりゅう》です。桃太《ももた》郎《ろう》や浦島太郎、かぐや姫《ひめ》の話が、当時も広く知られていたことがわかります。桃太郎の話は江戸時代の初期に成立して全国に広まりました。浦島太郎は、『日本書紀《にほんしょき》』や『万葉集《まんようしゅう》』などの奈良時代の書物に出てきます。また、かぐや姫の登場する『竹取物語《たけとりものがたり》』は、平安時代の初期に成立したものです。

「昔話と古典――箱に入った桃太郎――」より

(1) ――線「こはごは」を現代仮名遣《かなづか》いに直し、すべて平仮名で書きなさい。

（　　　　）

ヒント　語中・語尾《ごび》のハ行は「ワイウエオ」になるよ。

(2) A～Cの川柳は「桃太郎」「浦島太郎」「かぐや姫」のどの話についてよんだものですか。それぞれ答えなさい。

A（　　　　）　B（　　　　）

C（　　　　）

ヒント　「桃」や「竹」などの言葉に注目しよう。

(3) 「桃太郎」「浦島太郎」「かぐや姫」はどの時代の話ですか。それぞれ答えなさい。

桃太郎（　　　　）

浦島太郎（　　　　）

かぐや姫（　　　　）

ヒント　「時代」という言葉に注目しよう。

ぴたトレ 3 確認テスト

昔話と古典――箱に入った桃太郎《ももたろう》――

時間20分

／100点

合格75点

解答 p.10

1 思考・判断・表現 文章を読んで、問いに答えなさい。

教科書112ページ1行～113ページ5行

　同じようなことは、浦島太郎《うらしまたろう》についてもいえます。江戸時代の中頃《ごろ》に出版された子ども向けの本では、子どもたちにいじめられている亀を浦島太郎が助けるというものではありません。

　昔、丹後《たんご》の国に浦島太郎という若者がおり、朝から晩まで魚を捕《と》って両親を養っていました。

　ある日、釣《つ》りをし、貝を拾い、海藻《かいそう》を採っていたところ、江島《えじま》が磯《いそ》で、亀を一匹《ぴき》釣り上げました。

浦島太郎は、

「①鶴《つる》は千年亀は万年というように、おまえは長生きをする生き物だ。ここで命を絶つのはかわいそうなので、助けてやる。いつもこの恩②を思い出すのだぞ。」

と言って亀を海に帰してやりまし③

(1) ――線①「鶴は千年亀は万年」とは、どういう意味ですか。次の□にあてはまる言葉を文章から三字で抜き出しなさい。 5点

・□で、めでたいこと。

(2) ――線②「この恩」とは、何をしたことを指していますか。簡潔に答えなさい。 5点

(3) ――線③「海に帰してやりました」とありますが、なぜ帰してやったのですか。簡潔に答えなさい。 15点

よく出る

(4) ――線④「いつの時代にも変わることなく好まれた要素」について、次の問いに答えなさい。

① 浦島太郎の話において、変わらなかったのはどういう点ですか。簡潔に答えなさい。 10点

② ①に対して、浦島太郎の話はどのように変わりましたか。簡潔に答えなさい。 15点

(5) 次の各文は、上の文章の内容について考えたことを三人の生徒が発表したものです。発表内容が文章の内容に合わないものを次から一つ選び、記号で答えなさい。 15点

ア 乱獲《らんかく》などで動物が減っているニュースを見ると、子どもが亀をいじめる話は現代に通じる問題を含《ふく》んでいる気がするよ。

イ 遊んでいるだけの浦島太郎が亀に恩返しされる昔の話よりも、今の話のほうが好きだな。

ウ 動物に優《やさ》しくしなければならないという考えは今と変わらないね。

考える

(6) 浦島太郎の話はなぜ変化していったのですか。簡単に説明しなさい。 15点

た。

さてこの後、亀は浦島太郎にどんな恩返しをするのでしょうか。

遠い昔から伝えられてきた話には、④いつの時代にも変わることなく好まれた要素が含《ふく》まれています。その一方で、語られたり書き記されたりした時代や地域の、社会や生活も反映されています。それらを知ることで、私たち自身のものの考え方の特色に気づかされます。昔話に親しみ、想像力をはたらかせて理解することは、私たちの感受性や表現力を豊かにしてくれるでしょう。また、そのように親しまれることによって、昔話は次の時代へと受け継《つ》がれていくのです。

「昔話と古典――箱に入った桃太郎――」より

2 ――線のカタカナを漢字で書きなさい。 各5点

① 竹を二つにワる。
② 子どものタンジョウを祝う。
③ 物語のテンカイ。
④ 七時イコウに帰る。

1							2			
(1)	(2)	(3)	(4) ①	(4) ②	(5)	(6)	①	③	②	④

ぴたトレ 1

要点チェック

物語の始まり ― 竹取《たけとり》物語 ―

解答 p.11

1 新しく習った漢字　読み仮名を書きなさい。

①姫（　　）　②頃（　　）　③求婚（　　）　④竜（　　）

⑤誰（　　）　⑥迎える（　　）　⑦犯す（　　）　⑧羽衣（　　）

⑨渡す（　　）　⑩落胆（　　）

2 重要語句　正しい意味を下から選び、記号で答えなさい。

(1)
①（　　）ふける　　**ア**　行かせる。
②（　　）遣《つか》わす　　**イ**　人が何かしようとするのを止める。
③（　　）制する　　**ウ**　夢中になる。

(2)
①（　　）しばしば　　**ア**　たびたび。何度も。
②（　　）しだいに　　**イ**　だんだん。

スタートアップ

古典の言葉

古典の言葉には、現代と変わらないものもあるが、次のようなものには注意が必要。

①現代語と語形はあまり変わらないが、意味が異なるもの。
例　うつくし（かわいらしい）

②言葉そのものが現代語にはないもの。
例　げに（本当に）

③古典独特の言い方をするもの
例　月の呼び方（睦月《むつき》〈一月〉、師走《しわす》〈十二月〉）
時刻（午《うま》の刻〈午前十一時から午後一時の二時間〉）

午の刻より前の時間を「午前」
午の刻より後の時間を「午後」
というんだよ。

④独特の語り出しと終わり方をするもの。
例　今は昔（今ではもう昔のことであるが）

タイムトライアル 8分

解答 p.11

1 読解問題　文章を読んで、問いに答えなさい

教科書114ページ4行～115ページ5行

今は昔、竹取の翁《おきな》といふ者ありけり。野山にまじりて竹を取りつつ、よろづのことに使ひけり。名をば、さぬきの造《みやつこ》となむ①いひける。その竹の中に、もと光る②竹なむ一筋ありける。あやしがりて、寄りて見るに、筒《つつ》の中光りたり。それを見れば、三寸ばかりなる人、③いと④うつくしうて⑤ゐたり。

現代語訳

⑥今ではもう昔のことであるが、竹取の翁という者がいた。野や山に分け入っていつも竹を取っては、⑦いろいろなことに使っていた。（翁の）名は、さぬきの造といった。（ある日、）その竹の中に、根もとが光る竹が一本あった。不思議に思って近寄って見ると、筒の中が光っている。それを見ると、三寸ぐらいの人が、とてもかわいらしい姿で座《すわ》っている。

「物語の始まり――竹取物語――」より

(1) ――線①「いひける」、②「竹なむ」、④「うつくしう」、⑤「ゐたり」を現代仮名遣《かなづか》いに直し、全て平仮名で書きなさい。

①（　　　）　②（　　　）

④（　　　）　⑤（　　　）

ヒント 「iu」→「yu」、「ゐ」→「イ」だよ。

(2) ――線③「いと」、⑤「ゐたり」の意味を表している言葉を、現代語訳の中からそれぞれ抜き出しなさい。

③（　　　）　⑤（　　　）

ヒント 古文の言葉と現代語訳を照らし合わせよう。

(3) ――線⑥「今ではもう昔のことであるが」、⑦「いろいろな」という意味で使われている言葉をもとの古文の中から抜き出しなさい。

⑥（　　　）

⑦（　　　）

ヒント ⑦はあとに続く「使っていた」に注目して探そう。

ぴたトレ 3 確認テスト

物語の始まり ― 竹取《たけとり》物語 ―

時間20分

／100点

合格75点

解答 p.11

1 思考・判断・表現 文章を読んで、問いに答えなさい。

教科書114ページ4行〜119ページ6行

今は昔、竹取の翁《おきな》といふ者ありけり。野山にまじりて竹を取りつつ、①よろづのことに使ひけり。名をば、さぬきの造《みやつこ》となむいひける。その竹の中に、もと光る竹なむ一筋ありける。②あやしがりて、寄りて見るに、筒《つつ》の中光りたり。それを見れば、三寸ばかりなる人、③いとうつくしうてゐたり。

現代語訳

今ではもう昔のことであるが、竹取の翁という者がいた。野や山に分け入っていつも竹を取っては、いろいろなことに使っていた。（翁の）名は、さぬきの造といった。

（ある日、）その竹の中に、根もとが光る竹が一本あった。不思議に思って近寄って見ると、筒の中が光っている。それを見ると、三寸ぐらいの人が、とてもかわいらしい姿で座《すわ》っている。

＊

このちご、養ふほどに、すくすくと大きになりまさる。三月《みつき》ばかりになるほどに、よきほどなる人になりぬれば、髪上《かみ》げなどとかく

(1) ――線①「よろづ」、⑥「いとほし」を現代仮名遣《かなづか》いに直し、全て平仮名で書きなさい。 各5点

(2) ――線②「あやしがりて」、③「うつくしうて」の意味を表している言葉を、現代語訳の中からそれぞれ抜き出しなさい。 各10点

(3) ――線④「人」とありますが、この人たちが普通の人間でないことは、どんなところからわかりますか。次の□にあてはまるように、現代語訳からaは八字、bは十二字で探し、初めの四字をそれぞれ抜き出しなさい。 各10点

・ a きたり、 b に浮《う》かんだりしているところ。

(4) よく出る ――線⑤「天の羽衣」は、どんな力を持っているのですか。次から一つ選び、記号で答えなさい。 10点

ア 育ての親である翁など、この世のことを全て忘れさせる力。
イ 百人ほどの天人を従わせ、命令を聞くようにさせる力。
ウ この世で受けた汚《けが》れを落とし、いっそう美しくする力。
エ かぐや姫の体を軽くし、空に浮かばせて月に帰らせる力。

(5) この文章の内容にあてはまらないものを次から一つ選び、記号で答えなさい。 10点

ア 不思議な物語だが、古い時代の習慣や価値観がみてとれる。
イ 血のつながりはないが、親子の情愛がよく表現されている。
ウ 設定は珍《めずら》しいが、子育ての苦労を描《えが》いた現実的な話である。

(6) 考える 〜〜線「このちご」とありますが、どれくらいの期間でどのように成長しましたか。簡潔に説明しなさい。 10点

して髪上げさせ、裳着《もき》す。

現代語訳

この幼い子は、育てるうちに、ぐんぐんと成長していく。三か月くらい過ぎた頃《ころ》には、一人前の大きさの人になったので、髪上げの祝いなどをあれこれして髪を上げさせ、裳を着せる。

＊

大空より、④人、雲に乗りて下り来て、土より五尺ばかり上がりたるほどに立ち連ねたり。これを見て、内外《うちと》なる人の心ども、ものにおそはるるやうにて、あひ戦はむ心もなかりけり。

現代語訳

大空から、人が、雲に乗って下りてきて、地面から五尺ほど上の辺りに立ち並んだ。これを見て、（家の）内や外にいる人たちの心は、何かに襲《おそ》われたようになって、対戦しようという気持ちもなくなった。

＊

ふと⑤天《あま》の羽《は》衣《ごろも》うち着せたてまつりつれば、翁を、⑥「いとほし、かなし。」と思《おぼ》しつることも失《う》せぬ。この衣《きぬ》着つる人は、もの思ひなくなりにければ、車に乗りて、百人ばかり天人《てんにん》具して、昇《のぼ》りぬ。

現代語訳

天人がかぐや姫《ひめ》にさっと天の羽衣を着せてさしあげると、翁を、「気の毒だ、いたわしい。」とお思いになっていたこともなくなった。この天の羽衣を着た人は、もの思いが消えてしまうので、そのまま（飛ぶ）車に乗って、百人ほどの天人を引き連れて、（天に）昇っていった。

「物語の始まり――竹取物語――」より

2 ――線のカタカナを漢字で書きなさい。

各5点

① ケッコンを申しこむ。　② 客をムカえる。

③ プレゼントをワタす。　④ ダイタンな行動。

1 (1) ①	1 (1) ⑥	1 (2) ①	1 (2) ②	1 (2) ③	1 (3) a	1 (3) b	1 (4)	1 (5)	1 (6)	2 ①	2 ②	2 ③	2 ④

ぴたトレ 1 要点チェック

故事成語 ―中国の名言―

1 新しく習った漢字　読み仮名を書きなさい。

①矛盾（　　）　②鋭い（　　）　③猿（　　）　④語尾（　　）

⑤苗（　　）　⑥疲れる（　　）　⑦息子（　　）　⑧枯れる（　　）

2 重要語句　正しい意味を下から選び、記号で答えなさい。

①（　）圧巻《あっかん》
②（　）一網打尽《いちもうだじん》
③（　）五十歩百歩《ごじっぽひゃっぽ》
④（　）五里霧中《ごりむちゅう》
⑤（　）千里眼《せんりがん》
⑥（　）馬耳東風《ばじとうふう》
⑦（　）竜頭蛇尾《りゅうとうだび》

ア　悪人などを一度に全員捕《つか》まえること。
イ　どうしてよいかわからなくなること。
ウ　人の言葉に聞き流して気にしないこと。
エ　似たり寄ったりであること。
オ　遠くのできごとや人の心を見抜く力。
カ　勢いよく始まり最後は勢いがないこと。
キ　最も優《すぐ》れた部分。

スタートアップ

故事成語

昔の話（故事）からできた言葉。

例　推敲《すいこう》…詩や文章の言葉を何度も考えて直すこと。

昔、中国のある詩人が、詩の一節を「僧は推《お》す月下の門」にするか、「僧は敲《たた》く月下の門」にするか悩《なや》んだ、という故事からできた言葉。

漢文

昔の中国語の書き言葉を用いた文章。日本語として読むために、「句読点」「送り仮名」「返り点」といった訓点《くんてん》をつけるなどの訓読法《くんどくほう》が考案された。

●送り仮名…漢字の右下に歴史的仮名遣《づか》いを用い、片仮名で書いたもの。

●返り点…語順を変えるために漢字の左下に書く符号《ふごう》。

・レ点…一字下から返って読むときの符号。

・一・二点…二字以上、下から返って読むときの符号。

●書き下し文…訓読法に従って漢文を漢字仮名交じりの文に改めたもの。

例　挙《あゲテ》レ頭《かうべヲ》望《のぞム》二山月《さんげつヲ》一。　書き下し文　頭を挙げて山月を望む。

解答 p.11

故事成語―中国の名言―

解答 p.11

1 読解問題 文章を読んで、問いに答えなさい

教科書122ページ5行～123ページ6行

矛盾《むじゅん》

楚人《そひと》に、盾《たて》と 矛《ほこ》とを ひさぐ 者 あり。これを ほめて ①いはく、「②わが 盾の 堅《かた》き こと、よく ③とほす もの なし。」と。また、④その 矛を ほめて いはく、「わが 矛の 利《と》き こと、物に おいて とほさざる なし。」と。ある 人 いはく、「⑤子《し》の 矛を もつて、子の 盾を とほさば ⑥いかん。」と。⑦その 人 応ふる こと あたはざるなり。

現代語訳

楚の国の人で、盾と矛とを売る者があった。

これをほめて、「私の盾の堅いことといったら、貫《つらぬ》いて穴をあけられるものはない。」と言った。

また、その矛をほめて、「私の矛の鋭《するど》いことといったら、どんなものでも貫いて穴をあけられないものはない。」と言った。

ある人が、「あなたの矛で、あなたの盾を貫こうとしたならばどうなるだろう。」と尋《たず》ねた。

その人は答えることができなかった。

「故事成語――中国の名言――」より

---

(1) ――線①「いはく」、③「とほす」を現代仮名遣《かなづか》いに直し、全て平仮名で書きなさい。

① (　　　　)　③ (　　　　)

ヒント 語中・語尾《ごび》の「はひふへほ」は「ワイウエオ」になるね。

(2) ――線②「わが盾」、④「その矛」について、売る者はどのような点をほめていましたか。次から一つずつ選び、記号で答えなさい。

ア 軽さ　イ 鋭さ
ウ 速さ　エ 堅さ

② (　　)　④ (　　)

ヒント 売る者の言葉に注目しよう。

(3) ――線⑤「子」、⑥「いかん」の意味を表している言葉を、現代語訳の中からそれぞれ抜き出しなさい。

⑤ (　　　　)　⑥ (　　　　)

ヒント 書き下し文と現代語訳を照らし合わせよう。

(4) ――線⑦のようになったのはなぜですか。次の文の□にあてはまるように、漢字二字で書きなさい。

・説明していることに□を感じたから。

ヒント この話がもとになった故事成語を考えよう。

ぴたトレ 1

要点チェック

蜘蛛《くも》の糸

芥川《あくたがわ》 龍之介《りゅうのすけ》

解答 p.12

1 新しく習った漢字 読み仮名を書きなさい。

①（　）極楽　②（　）咲く　③（　）覆う　④（　）地獄

⑤（　）水晶　⑥（　）透ける　⑦（　）一緒　⑧（　）一匹

⑨（　）道端　⑩（　）踏む　⑪（　）報いる　⑫（　）浮く

⑬（　）沈む　⑭（　）暗闇　⑮（　）懸命　⑯（　）中途

⑰（　）隠れる　⑱（　）驚く　⑲（　）堪える　⑳（　）肝腎

㉑（　）慈悲　㉒（　）罰　㉓（　）頓着

2 重要語句 正しい意味を下から選び、記号で答えなさい。

①（　）たたずむ　　ア お思いになる。

②（　）おぼしめす　　イ しばらく立っている。

3 登場人物 （　）にあてはまる言葉を入れなさい。

●お釈迦様《しゃかさま》…（①　　）の蓮池《はすいけ》を通して、地獄の様子を見る。

●犍陀多《かんだた》…いろいろ悪事をはたらいたために、地獄に落とされた。（②　　）を助けたことがある。

4 場面構成 （　）にあてはまる言葉を入れなさい。

●第一場面

・お釈迦様が、犍陀多の生前の善行を思い出し、救い出してやろうと蓮池から地獄へ蜘蛛《くも》の糸を垂らす。

●第二場面

・犍陀多は天上から垂れてきた蜘蛛の糸を上り始める。

・ふと下を見ると、あとから（③　　）が続いてくる。

・「下りろ」とわめいたとたんに糸が切れて、再び地獄へ落ちる。

●第三場面

・お釈迦様は犍陀多の（④　　）な心をあさましく思った。

タイムトライアル 8分
解答 p.12

1 読解問題 文章を読んで、問いに答えなさい 教科書131ページ上12行〜132ページ上3行

すると、一生懸命に上ったかいがあって、さっきまで自分がいた血の池は、今ではもう闇の底にいつの間にか隠れております。それからあのぼんやり光っている恐ろしい針の山も、足の下になってしまいました。このぶんで上っていけば、①地獄から抜け出すのも、存外わけがないかもしれません。犍陀多《かんだた》は両手を蜘蛛《くも》の糸に絡《から》みながら、ここへ来てから何年にも出したことのない声で、「しめた。しめた。」と笑いました。ところがふと気がつきますと、蜘蛛の糸の下の方には、数かぎりもない罪人たちが、自分の上った後をつけて、まるで蟻《あり》の行列のように、やはり上へ上へ一心によじ上ってくるではございませんか。犍陀多は②これを見ると、驚いたのと③恐ろしいのとで、しばらくはただ、大きな口を開いたまま、目ばかり動かしておりました。自分一人でさえ切れそうな、この細い蜘蛛の糸が、どうしてあれだけの人数の重みに堪えることができましょう。もし万一途中で切れたといたしましたら、せっかくここへまで上ってきたこの肝腎な自分までも、もとの地獄へ逆落としに落ちてしまわなければなりません。

芥川 龍之介「蜘蛛の糸」〈芥川龍之介全集 第二巻〉より

(1) ――線①「地獄から抜け出すのも、存外わけがないかもしれません」と思ったのはなぜですか。その理由を次から一つ選び、記号で答えなさい。

ア もう二度と恐ろしい場所に戻《もど》ることはないとわかったから。
イ 蜘蛛の糸は、心配していたよりも強いことがわかったから。
ウ いつの間にか多くの距離《きょり》を進んできたことがわかったから。

（　　）

ヒント 直前の「このぶん」が何を指すか考えよう。

(2) ――線②「これ」とは何のことですか。次の□にあてはまる言葉を文章から四字で抜き出しなさい。

・蜘蛛の糸をよじ上ってくる□。

ヒント ――線②の前の部分に注目しよう。

(3) ――線③「恐ろしい」とありますが、犍陀多は何を恐れているのですか。次から一つ選び、記号で答えなさい。

ア 悪者が極楽に行ってしまうこと。
イ 糸が切れて、再び地獄に落ちること。
ウ 罪人たちが蟻になってしまうこと。

（　　）

ヒント このままだとどういう危険性があるかな。

ぴたトレ 1

要点チェック

河童《かっぱ》と蛙《かえる》（漢字の練習3）

草野《くさの》 心平《しんぺい》

解答 p.12

1 新しく習った漢字 読み仮名を書きなさい。

①韓国（　　）②升目（　　）③屯田兵（　　）④牛丼（　　）
⑤猫（　　）⑥亜熱帯（　　）⑦甚だ（　　）⑧変貌（　　）
⑨又（　　）⑩授与（　　）⑪霊長類（　　）⑫平凡（　　）
⑬書斎（　　）⑭焦点（　　）⑮捉える（　　）⑯五月雨（　　）
⑰三味線（　　）⑱梅雨（　　）⑲日和（　　）⑳踊る（　　）
㉑沼（　　）㉒沸く（　　）㉓唄（　　）㉔泡（　　）

2 重要語句 正しい意味を下から選び、記号で答えなさい。

①（　　）ぐるり　　ア　にらむ。
②（　　）ねめる　　イ　周り。

スタートアップ

オノマトペ

擬声語《ぎせい》・擬態語のこと。

● 擬声語（主に、音や声の様子を表す）
例 ワンワン（犬の声）
ザーザー（雨の音）

● 擬態語（主に、見た目の様子を表す）
例 ぐるぐる（ものが回転する様子）
キラキラ（ものが光る様子）
ぐらぐら（不安定な様子）

朗読する際に気をつけること

作品の内容をしっかりと踏まえ、聞き手に伝えたいことを意識したうえで、次のようなことに気をつける。

・スピード…速く読むか、ゆっくり読むか、など
・大きさ…大きな声か、ささやくような声か、など。
・テンポ、間…間をあけるか、あけないか、など。
・その他…何人で読むか、読む部分と分けるか一斉に読むか、など。

河童《かっぱ》と蛙《かえる》

タイムトライアル 8分

解答 p.12

1 読解問題 教科書の詩を読んで、問いに答えなさい。

教科書142ページ1行～144ページ16行

● 教科書142ページ1行「るんるん　るるんぶ……

● 教科書144ページ16行……蛙がないた。」

(1) 一・三・五・七連の表現について、説明したものとしてあてはまるものを次から一つ選び、記号で答えなさい。

ア 同じオノマトペの繰《く》り返しが、詩に重々しさを生んでいる。

イ 同じオノマトペの繰り返しが、長い時間経過を示している。

ウ 同じオノマトペの繰り返しが、一定のリズムを生んでいる。

（　　）

ヒント 声に出して読んでみよう。

(2) 142ページ7行め「じゃぶじゃぶ水をじゃぶつかせ。」という表現にあてはまらないものを次から一つ選び、記号で答えなさい。

ア 同じ音によって似た動きが繰り返されていることがわかる。

イ 音が響き合うことによって、河童《かっぱ》の勇ましい姿がわかる。

ウ 同じ言葉の反復が、はずむようなリズムを生んでいる。

（　　）

ヒント 河童が踊っている様子を表しているよ。

(3) 143ページ9行め「月もじゃぼじゃぼ沸いている。」とは、どのような様子を表していますか。次から一つ選び、記号で答えさない。

ア 水が激しく動き続けている様子。

イ 水が水がどんどん高温になっている様子。

ウ 水の中の月がしだいに大きくなっている様子。

（　　）

ヒント 「沸く」は、水がお湯になる、興奮するという意味だよ。

(4) 144ページ15・16行め「ぐぶうと一《ひ》と声。／蛙がないた。」とは、どんな様子を表していますか。次から一つ選び、記号で答えなさい。

ア 静けさが戻《もど》った様子。

イ 生き物が死に絶えつつある様子。

ウ 唄声が始まろうとしている様子。

（　　）

ヒント 蛙の声だけが聞こえることを捉えよう。

(5) 山を人に見立てて表現している部分を一行で探し、初めの五字を書きなさい。

ヒント 山の様子を人の行動にあてはめているね。

ぴたトレ 3 確認テスト

河童《かっぱ》と蛙《かえる》

時間20分
／100点
合格75点

解答 p.12

1 思考・判断・表現　詩を読んで、問いに答えなさい。

教科書142ページ1行〜144ページ16行

河童《かっぱ》と蛙《かえる》　　草野《くさの》　心平《しんぺい》

るんるん　るるんぶ
るるんぶ　るるん
つんつん　つるんぶ
つるんぶ　つるん

河童の皿を月すべり。
じゃぶじゃぶ水をじゃぶつかせ。
かおだけ出して。
踊《おど》ってる。

るんるん　るるんぶ
るるんぶ　るるん
つんつん　つるんぶ
つるんぶ　つるん

大河童沼《ぬま》のぐるりの山は。
ぐるりの山は息をのみ。
あしだの手だのふりまわし。

(1) 第二・四・六・九連からオノマトペを一つずつ抜き出しなさい。　完答10点

(2) 6行め「河童の皿を月すべり。」とは、どのような様子を表していますか。簡単に説明しなさい。　15点

(3) 17行め「ぐるりの山は息をのみ。」とありますが、なぜですか。次の文の□にあてはまるように、詩の中の言葉を用いて十字以内で書きなさい。　10点

・□いる姿を見たから。

(4) 28行め「天のあたりをねめまわし。」とは、どんな様子を表していますか。次から二つ選び、記号で答えなさい。　各10点

ア 得意げな様子。　**イ** 頼《たよ》りなげな様子。
ウ うれしそうな様子。　**エ** いばっている様子。

よく出る
(5) 38行め「兎と杵の休火山などもはっきり映し。」とは、どんな様子を表していますか。次の文の□にあてはまるように、詩の中から四字で抜き出しなさい。　10点

・沼の表面がもう□でいる様子。

考える
(6) 37行め「沼の底から泡がいくつかあがってきた。」とは、どういうことですか。「河童」という言葉を使って、簡単に説明しなさい。　15点

月もじゃぼじゃぼ湧《わ》いている。
　るんるん　るるんぶ
　るるんぶ　るるん
　つんつん　つるんぶ
　つるんぶ　つるん

立った。立った。水の上。
河童がいきなりぶるるっとたち。
天のあたりをねめまわし。
それから。そのまま。

　るんるん　るるんぶ
　るるんぶ　るるん
　つんつん　つるんぶ
　つるんぶ　つるん

もうその唄《うた》もきこえない。
沼の底から泡《あわ》がいくつかあがってきた。
兎《うさぎ》と杵《きね》の休火山などもはっきり映し。
月だけひとり。
動かない。

ぐぶうと一《ひ》と声。
蛙がないた。

2 ――線のカタカナを漢字で書きなさい。　各5点

① イッショウビンの酒。
② おかしをアタえる。
③ 料理がコげる。
④ 内容をトラえる。

1								2	
(1)		(2)	(3)	(4)	(5)	(6)		①	③
第二連	第六連								
第四連	第九連							②	④

ぴたトレ 1
要点チェック

オツベルと象

宮沢《みやざわ》 賢治《けんじ》

解答 p.13

1 新しく習った漢字　読み仮名を書きなさい。

① 稲（　　）
② 据える（　　）
③ 砂漠（　　）
④ 吹く（　　）
⑤ 雑巾（　　）
⑥ 忙しい（　　）
⑦ 奥（　　）
⑧ 退屈（　　）
⑨ 威勢（　　）
⑩ 稼ぐ（　　）
⑪ 偉い（　　）
⑫ 靴（　　）
⑬ 履く（　　）
⑭ 愉快（　　）
⑮ 碁（　　）
⑯ 嵐（　　）
⑰ 噴火（　　）
⑱ 縛る（　　）
⑲ 支度（　　）
⑳ 励ます（　　）
㉑ 添える（　　）
㉒ 躍起（　　）
㉓ 騒ぐ（　　）
㉔ 痩せる（　　）

2 重要語句　正しい意味を下から選び、記号で答えなさい。

①（　　）にわかに　　**ア** 突然。急に。
②（　　）いっぺんに　　**イ** 同時に。一度に。

3 登場人物　（　）にあてはまる言葉を入れなさい。

①（　　）…物語の語り手。
②（　　）…仕事で百姓《ひゃくしょう》をやとって働かせている。金持ちでずるがしこい。
③（　　）…森を出てなんとなく来たところ、オツベルの元で暮らすことになった。

得点UPポイント

語り手が誰かを意識する！

☑『オツベルと象』は、ある牛飼いが、オツベルと象にまつわる話を語る物語である。
☑ 語り手である牛飼いが、オツベルのことや象のことをどのように語っているかに注目して読もう！

左の文章では、語り手がオツベルをどのように思っているか考えて読もう。

ぴたトレ
2
練習

オツベルと象

タイムトライアル 8分

解答 p.13

1 読解問題　文章を読んで、問いに答えなさい

教科書151ページ13行〜152ページ10行

「ああ、だめだ。あんまりせわしく、砂が私の歯に当たる。」

全くもみは、パチパチパチ歯に当たり、また真っ白な頭や首にぶっつかる。

①さあ、オツベルは命がけだ。パイプを右手に持ち直し、度胸をすえてこう言った。

「どうだい、ここはおもしろいかい。」

「おもしろいねえ。」象が体を斜《なな》めにして、目を細くして返事した。

「ずうっとこっちにいたらどうだい。」

百姓《ひゃくしょう》どもははっとして、息を殺して象を見た。オツベルは言ってしまってから、にわかにがたがた震《ふる》えだす。ところが象はけろりとして、

「いてもいいよ。」と答えたもんだ。

「そうか。それではそうしよう。そういうことにしようじゃないか。」オツベルが顔をくしゃくしゃにして、真っ赤になって喜びながらそう言った。

②どうだ、そうしてこの象は、もうオツベルの財産だ。いまに見たまえ、オツベルは、あの白象を、働かせるか、サーカス団に売り飛ばすか、どっちにしても万円以上もうけるぜ。

宮沢 賢治「オツベルと象」〈新校本 宮澤賢治全集 第十二巻〉より

(1) ――線①「さあ、オツベルは命がけだ」について、次の問いに答えなさい。

① オツベルはなぜ「命がけ」なのですか。あてはまるものを次から一つ選び、記号で答えなさい。

ア 象に楽しんでもらうことが仕事だから。
イ 象に長居されると、仕事ができないから。
ウ 象を怒《おこ》らせると、殺されるかもしれないから。

（　　）

ヒント 「度胸をすえて」とあることに注目しよう。

② オツベルの恐怖《きょうふ》と緊張《きんちょう》が読み取れる部分を、文章から八字で抜き出しなさい。

ヒント 恐怖や緊張を感じると、どうなるか考えよう。

(2) ――線②「どうだ、そうしてこの象は、もうオツベルの財産だ」とありますが、語り手はオツベルのことをどう思っていますか。あてはまるものを次から一つ選び、記号で答えなさい。

ア もうけるために象を手なずけた手腕《しゅわん》に感心している。
イ もうけるためだけに象をつかまえた非情さに怒っている。
ウ お金にならないのに象を保護した慈悲深さに感動している。

（　　）

ヒント 「どうだ」や「いまに見たまえ」などに注目しよう。

ぴたトレ 3 確認テスト

オツベルと象

時間20分　／100点　合格75点

解答 p.13

1 思考・判断・表現　文章を読んで、問いに答えなさい。

教科書157ページ15行〜160ページ9行

「僕はずいぶんめに遭《あ》っている。みんなで出てきて助けてくれ。」

象は一斉に立ち上がり、真っ黒になってほえだした。

「オツベルをやっつけよう。」議長の象が高く叫ぶと、

「おう、出かけよう。グララアガア、グララアガア。」みんなが一度に呼応する。

さあ、もうみんな、嵐《あらし》のように林の中を鳴き抜けて、グララアガア、グララアガア、野原の方へとんでいく。小さな木などは根こぎになり、やぶやなんかもめちゃめちゃだ。グワア　グワア　グワア　グワア、花火みたいに野原の中へとび出した。それから、なんの、走って、走って、とうとう向こうの青くかすんだ野原の果てに、オツベルの屋敷の黄色な屋根を見つけると、象は一度に噴《ふん》火《か》した。

グララアガア、グララアガア。その時はちょうど一時半、オツベルは皮の寝台の上で昼寝の盛《さか》りで、からすの夢を見ていたもんだ。あまり大きな音なので、①オツベルの家の百姓《ひゃくしょう》どもが、門から少し外へ出て、小手をかざして向こうを見た。②林のような象だろう。汽車より速くやってくる。さあ、まるっきり、血の気もうせて駆《か》け込《こ》んで、

「だんなあ、象です。押し寄せやした。だんなあ、象です。」と、

よく出る

(1) ――線①「オツベルの家の百姓ども」とありますが、「百姓ども」が強い恐怖《きょうふ》を感じていることがわかる表現を、文章から七字で抜き出しなさい。　10点

(2) ――線②「林のような象だろう。汽車より速くやってくる」とありますが、この部分が表していることにあてはまらないものを次から一つ選び、記号で答えなさい。　10点

ア 大きさ　**イ** 勢い　**ウ** 静けさ　**エ** 多さ

(3) ――線③「もうなにもかもわかっていた」とありますが、どんなことがわかっていたのですか。次の□にあてはまるように、文章からそれぞれ三字で抜き出しなさい。　各5点

・[a]にいる象を[b]ために、仲間がやってきたこと。

よく出る

(4) ――線④「ラッパみたいないい声」とありますが、具体的にはどのような声ですか。次から一つ選び、記号で答えなさい。　10点

ア 重みのある大きな声。　**イ** 美しい軽《かろ》やかな声。

ウ さわやかな明るい声。　**エ** よく通る張りのある声。

(5) ――線⑤「タオルやハンケチや、汚れたような白いようなもの」とは、何に使うためのものですか。文章から六字で抜き出しなさい。　10点

(6) ――線⑥「そこらはばしゃばしゃ暗くなり」とありますが、暗くなったのはなぜですか。その理由を簡潔に書きなさい。　15点

考える

(7) ――線⑦「今助けるから安心しろよ」とありますが、「助ける」とは具体的にどうすることですか。二十五字以内で考えて書きなさい。　15点

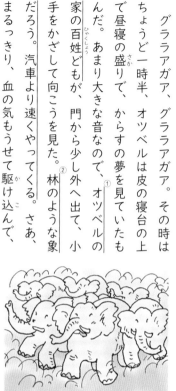

声を限りに叫んだもんだ。

ところがオツベルはやっぱり偉《えら》い。目をぱっちりとあいた時は、③もうなにもかもわかっていた。

「おい、象のやつは小屋にいるのか。いる？　いる？　いるのか。よし、戸を閉めろ。戸を閉めるんだよ。早く象小屋の戸を閉めるんだ。ようし、早く丸太を持ってこい。閉じこめちまえ、ちくしょうめじたばたしやがるな、丸太をそこへ縛《しば》りつけろ。何ができるもんか。わざと力を減らしてあるんだ。ようし、もう五、六本、持ってこい。さあ、だいじょうぶだ。だいじょうぶだとも。慌てるなったら。おい、みんな、今度は門だ。門を閉めろ。かんぬきをかえ。突っ張り。突っ張り。そうだ。おい、みんな心配するなったら。しっかりしろよ。」オツベルはもう支度《したく》ができて、④ラッパみたいないい声で、百姓どもを励《はげ》ました。ところがどうして、百姓どもは気が気じゃない。こんな主人に巻き添《ぞ》えなんぞ食いたくないから、みんな⑤タオルやハンケチや、汚《よご》れたような白いようなものを、ぐるぐる腕《うで》に巻きつける。降参をする印なのだ。

オツベルはいよいよ躍起《やっき》となって、そこら辺りを駆け回る。オツベルの犬も気がたって、火のつくようにほえながら、屋敷の中をはせ回る。

まもなく地面はぐらぐらと揺《ゆ》られ、⑥そこらはばしゃばしゃ暗くなり、象は屋敷を取り巻いた。グララアガア、グララアガア、その恐ろしい騒《さわ》ぎの中から、

「⑦今助けるから安心しろよ。」優《やさ》しい声も聞こえてくる。

宮沢　賢治「オツベルと象」〈新校本　宮澤賢治全集　第十二巻〉より

2

――線のカタカナを漢字で書きなさい。　各5点

① 火からケムリが上がる。
② ユカを清掃する。
③ 事態をハアクする。
④ ジョウブなかばんを買う。

1 (1)	1 (2)	1 (3)	1 (4)	1 (5)	1 (6)	1 (7)	2 ①	2 ②	2 ③	2 ④
		a								
		b								

ぴたトレ 1

要点チェック

言葉の小窓2 日本語の文字

（漢字の練習4）

解答 p.14

1 新しく習った漢字 読み仮名を書きなさい。

①追悼（　） ②蚊（　） ③線香（　） ④繭（　）
⑤純粋（　） ⑥翼（　） ⑦紫外線（　） ⑧恒星（　）
⑨蜂蜜（　） ⑩陶器（　） ⑪鶴（　） ⑫工夫（　）
⑬幽閉（　） ⑭程遠い（　） ⑮門松（　） ⑯来る（　）
⑰昆虫（　） ⑱披露（　） ⑲畝（　） ⑳捻挫（　）

2 重要語句 正しい意味を下から選び、記号で答えなさい。

①（　）指摘《してき》　ア 気持ちなどを他の物に例えて示すこと。
②（　）翻訳《ほんやく》　イ 問題点を示すこと。
③（　）象徴《しょうちょう》　ウ ある言語を他の言語に直すこと。

スタートアップ

表音文字と表意文字

・表音文字…意味を表さず音《おん》だけを表す。
・表意文字…音だけでなく意味も表す文字。（一字で一つの語としてのはたらきをもつ「漢字」を「表語文字」ともいう。）

漢字の利用

日本語には文字がなかったため、中国から伝えられた漢字を利用して、日本語を書き表す工夫をした。『万葉集《まんようしゅう》』に用いられているこのような文字を「万葉仮名」という。

片仮名の成立

中国から伝えられた漢字の音《おん》を利用して日本語を表す文字として使う一方で、日本語の意味に合わせて漢字が読まれるようになった。さらに、漢字の一部を切り取り、音を書き表す方法を工夫した。

平仮名の成立

楷書《かいしょ》は、日本語の文章を書き表すには不便だったので、行書や草書をもとに平仮名が生まれた。

ローマ字の利用

明治《めいじ》時代にローマ字で日本語を書き表すことが広まった。現在、ローマ字は公共の場での地名の表示などに多く用いられている。

ぴたトレ **2** 練習

言葉の小窓2 日本語の文字

タイムトライアル 10分

解答 p.14

1 次の文字に合うものをあとから全て選び、記号で答えなさい。

① 表音文字
② 表意文字

ア 漢字　**イ** 平仮名　**ウ** 片仮名　**エ** ローマ字

2 次の万葉仮名の読みをあとから選び、記号で答えなさい。

① 阿米
ア あまい　**イ** あめ　**ウ** あんばい　**エ** あめい

② 八万
ア やま　**イ** はちまん　**ウ** やまん　**エ** はっぽう

3 片仮名について答えなさい。

(1) 次の漢字からできた片仮名を書きなさい。
① 宇　② 多
③ 止　④ 保
⑤ 三　⑥ 不

(2) 次は、片仮名のもとになった漢字で書かれています。それぞれ片仮名に直しなさい。
① 須伊加
② 比加流保之
③ 千加久乃江幾
④ 与天伊仁阿和世流

4 次の漢字からできた平仮名と片仮名を書きなさい。

① 世　② 奈　③ 由　④ 利

5 次の行書で書かれている漢字を楷書《かいしょ》に直しなさい。

① 発　② 料　③ 若　④ 清　⑤ 庭　⑥ 国

1	2	3		4		5
		(1)	(2)			
①	①	①	①	① 平仮名 / 片仮名	③ 平仮名 / 片仮名	①
②	②	②	②	② 平仮名 / 片仮名	④ 平仮名 / 片仮名	②
		③	③			③
		④	④			④
		⑤				⑤
		⑥				⑥

ぴたトレ 1 要点チェック

子どもの権利

大谷《おおたに》 美紀子《みきこ》

解答 p.15

1 新しく習った漢字 読み仮名を書きなさい。

①虐待（　　）　②奪う（　　）　③含む（　　）

2 重要語句 正しい意味を下から選び、記号で答えなさい。

①（　）理不尽《りふじん》　ア はっきりと確かなこと。
②（　）支配的　イ 国や地域、団体どうしが争うこと。
③（　）明確　ウ あることをするようにすすめること。
④（　）紛争《ふんそう》　エ ものごとが変化していく道筋。
⑤（　）監視《かんし》　オ 心が広いこと。
⑥（　）勧告《かんこく》　カ ものごとの道理に合わないこと。
⑦（　）過程　キ 注意して見張ること。
⑧（　）寛容《かんよう》　ク 考えや行動に強い影響《えいきょう》をもつこと。

「過程」と「課程」の違いに気をつけよう。「課程」は学校で一定期間で学ぶ内容のことだよ。

3 用語確認 （　）にあてはまる言葉を入れなさい。

●国連…国際連合の略。国際平和や安全などを目的とする国際機関。

●（①　　）の権利条約…子どもにもさまざまな権利があること、子どもの権利を守ることは親や（②　　）の責任であることなどが書かれている。

得点UPポイント

説明の仕方に着目して、筆者の主張を捉える！

☑ さまざまな説明の仕方がある。
・冒頭に具体例を置いて、読み手の共感を得る構成。
・呼びかけの形で、読み手をひきつける表現方法。
・一般《いっぱん》論を挙げて、それに反対する意見を述べる方法。

☑『子どもの権利』は、過去に一般的だった考え方を示し、それに反論する形で、筆者の主張が述べられている。

一般論と筆者の主張に注目して、左の文章を読もう。

ぴたトレ 2
練習

子どもの権利

タイムトライアル 8分

解答 p.15

1 読解問題　文章を読んで、問いに答えなさい。

教科書172ページ1行～173ページ3行

「子どもは黙って大人の言うことを聞きなさい。」こんなことを言われて理《り》不尽《ふじん》な思いをしたことはありませんか。

子どもが生きて成長していくためには、大人から守られ助けられることが必要です。このため、子どもは心身ともに未熟だから、大人の言うとおりにするべきだというのが、長い間、世界中で支配的な考え方でした。

この子どもに対する見方を大きく変えたのが、国連で一九八九年に作られた「子どもの権利条約」です。子どもには大人とは異なる特別の保護が必要です。同時に、子どもは、一人の人間として、大人と同じように人権をもっています。子どもの権利条約は、子どもには、生きる権利や成長する権利、暴力から守られる権利、教育を受ける権利などがあること、そして、子どもの権利を守るのは、親の責任であるばかりでなく、国の責任であることを明確に定めました。現在、世界中の一九六か国が子どもの権利条約に入っています。

大谷 美紀子「子どもの権利」より

(1) ――線「支配的な考え方」について、次の問いに答えなさい。

① 「支配的な考え方」とはどのような考え方ですか。次の□にあてはまる言葉を、文章からそれぞれ二字で抜き出しなさい。

・子どもは[a]だから、[b]の言うとおりにするべきだという考え方。

a ［　　］　b ［　　］

ヒント　第二段落に注目しよう。

② 「支配的な考え方」はどのように変化しましたか。次の□にあてはまる言葉を、文章からそれぞれ二字で抜き出しなさい。

・[a]で「子どもの権利条約」が作られ、子どもにもいろいろな権利があり、その権利を親や国が守る[b]があることが示された。

a ［　　］　b ［　　］

ヒント　第三段落に注目しよう。

(2) 文章の内容としてあてはまるものを次から一つ選び、記号で答えなさい。

ア 子どもは大人の言うことを黙って聞かなければならない。
イ 「子どもの権利条約」は、子どもの権利を明確にした。
ウ 子どもの権利を守るのは、親ではなく国の責任である。

（　　）

ヒント　「子どもの権利条約」は子どもに対する考え方を変えたね。

ぴたトレ 3 確認テスト

子どもの権利

時間20分　／100点　合格75点

解答 p.15

1 思考・判断・表現　文章を読んで、問いに答えなさい。

教科書175ページ2行～176ページ13行

　ところで、私は高校生の時に、世界に貢献《こうけん》する①国連の仕事がしたいと思いました。その後、自分の専門分野を、あらゆる人の生活や社会の仕組みに関わる法律にしようと決め、司法試験を受けて、弁護士になりました。その過程で、人権について勉強し、人権侵害《しんがい》や差別が起こらないようにするための方策について考えるようになりました。

　しかし、高校生の頃は、国連で働きたいと言いながら、国連について漠然としたイメージしかなく、その具体的な活動について、実はほとんど知らなかったのです。弁護士になってから、初めて、国連が②人権の分野で大きな役割を果たしてきたことを知り、夢中になって国連と人権について調べ、勉強しました。そして、国連は、人類が起こした二度の世界大戦の悲惨《ひさん》な経験を踏まえ、将来の世代を戦争の惨害から救いたいとの決意から一九四五年に設立されたことを知りました。人種、性別、言語、宗教による差別なく、③全ての人の人権が保障されることが平和の基礎《きそ》であるとの確信から、人権の保障を目的の一つに掲《かか》げ活動してきたことも知りました。子どもの権利条約も、国連の活動の中で作られた国際人権条約の一つです。

　人はみな、人種や民族、性別などによる外見の違いがあります。生まれた国によって話す言葉も置かれた状況《じょうきょう》も異なります。同じ国の中でも育つ家庭環境《かんきょう》はさまざまです。そうしたそれぞれ違い

(1) ――線①「国連」とは、どのような組織ですか。次の□に入る言葉を、文章からaは四字、bは二字で抜き出しなさい。　各10点

・人類が起こした二度の[a]の経験を踏まえ、将来の世代を戦争の[b]から救いたいという決意から設立された組織。

よく出る

(2) ――線②「人権の分野で大きな役割」とありますが、国連では人権をどのように位置づけて活動していますか。文章から二十字で探し、初めの五字を書きなさい。　15点

(3) ――線③「全ての人の人権が保障されることが平和の基礎である」とは、どういうことですか。あてはまるものを次から一つ選び、記号で答えなさい。　10点

ア　違いを認め合い、対話し、立場が違う人の気持ちを想像するといったことが平和を築くことにつながるということ。

イ　全ての違いをなくし、同じ立場で話し合うことで、平和な社会を築くルールを定めることができるということ。

ウ　人権の保障ができていなかったために起きた二度の世界大戦のことを学ぶことで、平和な社会につながるということ。

(4) ――線④「子どもの権利条約」では、教育の目的をどのように定めていますか。それがわかる一文を探し、初めの五字を書きなさい。　15点

考える

(5) ――線⑤「子どもに権利なんて……わがままな人間になる」という意見に対して、筆者は、権利や人権を学ぶ必要性をどのように説明していますか。簡単にまとめなさい。　20点

のある一人一人が集まって社会を作っています。その違いを認め合い、意見が異なるときも、対話によって解決し、自分と違う立場にいる人の気持ちや心の痛みを想像するといった、日常の生活の中での努力が平和な社会を築くことにつながります。

しかし、どれだけの大人、子どもがこの子どもの権利条約④を知っているでしょうか。大人の中には、⑤子どもに権利なんて教えると大人の言うことを聞かなくなる、自己中心的で権利主張ばかりするわがままな人間になると心配する人もいます。しかし、子どもの権利条約では、子どもの教育の目的を、子どもが人権を尊重し、他者への理解、平和や寛容《かんよう》、男女の平等を学び身につけ、責任ある大人になるための準備にあると定めています。子どもが人権を学ぶことは、自分を含《ふく》む全ての人の命の尊さと平等を学ぶことであり、自分を大切にすると同時に、他人を思いやり、平和な社会を築くために必要なのです。

大谷 美紀子「子どもの権利」より

2 ――線のカタカナを漢字で書きなさい。 各5点

① セキニンを問う。

② ギャクタイに反対する。

③ 機会をウバう。

④ ビタミンをガンユウする。

1					2	
(1)	(2)	(3)	(4)	(5)	①	③
a						
b					②	④

ぴたトレ 1 要点チェック

漢字の広場3 漢字の音と訓

（漢字の練習5）

1 新しく習った漢字

読み仮名を書きなさい。

①（　）菊
②（　）峠
③（　）蛇口
④（　）歩幅
⑤（　）小紋
⑥（　）脇役
⑦（　）片隅
⑧（　）鈴
⑨（　）盆栽
⑩（　）曇天
⑪（　）曖昧
⑫（　）厄介《かい》
⑬（　）錠前
⑭（　）逃げる
⑮（　）河畔
⑯（　）石臼
⑰（　）揚げる
⑱（　）柔軟
⑲（　）分析
⑳（　）主催
㉑（　）痛恨
㉒（　）肥沃
㉓（　）妥協
㉔（　）比喩

2 重要語句

正しい意味を下から選び、記号で答えなさい。

①（　）銘柄《めいがら》　ア 勇ましい様子。
②（　）果敢《かかん》　イ 商品の名前。

スタートアップ

漢字の読み方

音読み…中国《ちゅうごく》での発音がもとになった「音《おと》」を表す読み方。
訓読み…漢字が日本で使われるときの「意味」を表す読み方。
例 誤…音読み　ゴ　　訓読み　あやま―る

「肉（ニク）」「愛（アイ）」「席（セキ）」「駅（エキ）」など、音読みでも単独で意味が通じるものもあるよ。

国字…日本生まれの漢字。
例 畑　匂　働　など

熟語の特別な読み方

重箱読み…音読み＋訓読み
湯桶《ゆとう》読み…訓読み＋音読み

・重箱読み 例 毎朝（マイ＋あさ）　気軽（キ＋がる）
　仕事（シ＋ごと）　図星（ズ＋ぼし）　など
・湯桶読み 例 夕食（ゆう＋ショク）　梅酒（うめ＋シュ）
　血肉（ち＋ニク）　目線（め＋セン）　など

解答 p.16

ぴたトレ 2 練習

漢字の広場3　漢字の音と訓

タイム トライアル 10分

解答 p.16

1 次の漢字の音読みと訓読みを平仮名で書きなさい。

① 源　② 志　③ 剣　④ 炎

2 次の熟語の音読みでの読み方、訓読みでの読み方を平仮名で書きなさい。

① 見物　② 風車　③ 色紙　④ 大事

3 次の熟語の読み方をあとから選び、記号で答えなさい。

① 手本　② 母国　③ 客間　④ 坂道

ア 音読み＋音読み
イ 訓読み＋訓読み
ウ 重箱読み（音読み＋訓読み）
エ 湯桶《ゆとう》読み（訓読み＋音読み）

4 次の熟語を（　）のように読むときの読み方をあとから選び、記号で答えなさい。

① 人気（にんき）　② 人気（ひとけ）
③ 大勢（おおぜい）　④ 大勢（たいせい）
⑤ 工場（こうじょう）　⑥ 工場（こうば）

ア 音読み＋音読み　**イ** 訓読み＋訓読み
ウ 重箱読み　**エ** 湯桶読み

1				2				3	4	
①	②	③	④	①	②	③	④	①	①	⑤
音	音	音	音	音	音	音	音	②	②	⑥
訓	訓	訓	訓	訓	訓	訓	訓	③	③	
								④	④	

ぴたトレ 1
要点チェック

言葉がつなぐ世界遺産

橋本《はしもと》 典明《のりあき》

解答 p.17

1 新しく習った漢字 読み仮名を書きなさい。

①（　　）装飾
②（　　）豪華
③（　　）境内
④（　　）閉ざす
⑤（　　）環境
⑥（　　）湿気
⑦（　　）彫刻
⑧（　　）鮮やか
⑨（　　）漆
⑩（　　）剝落
⑪（　　）迫力
⑫（　　）微妙
⑬（　　）塔
⑭（　　）軒下
⑮（　　）朱色
⑯（　　）濃い
⑰（　　）瞳
⑱（　　）塗る
⑲（　　）頼る
⑳（　　）詳細
㉑（　　）繊細
㉒（　　）弟子
㉓（　　）肌
㉔（　　）訪れる

2 重要語句 正しい意味を下から選び、記号で答えなさい。

①（　　）彩色《さいしき》
②（　　）色彩

ア　いろどり。色。
イ　色をつけること。

3 用語確認 （　）にあてはまる言葉を入れなさい。

●日光の社寺

① 一九九九年十二月に（　　　　）に登録された。
② 文化財にとっては、一年をとおして（　　　　）自然環境。
③ （　　　　）ごとに定期的な修復を続けてきた。

得点UPポイント

問いと答え、事実と意見に注目する！

☑『言葉がつなぐ世界遺産』には、二つの問いとその答えがある。
☑筆者は自分の意見への理解を促《うなが》すために、一般《いっぱん》的な事実や調査の結果からわかった事実、取材から得た事実などを挙げている。

言葉がつなぐ世界遺産

タイムトライアル 8分
解答 p.17

1 読解問題 文章を読んで、問いに答えなさい。 教科書203ページ2行〜204ページ12行

世界遺産登録に先立つ一九九八年十二月、審査《しんさ》をするイコモスの専門家たちが、日光《にっこう》の現地調査を行った。その際、彼らは、社寺や景観のすばらしさを称賛《しょうさん》するとともに、建造物を修復し保存するための方法に対して、そろって舌を巻いたという。専門家たちが驚いたその方法とは、どんなものなのだろうか。

その一つは、「修復記録の蓄積《ちくせき》」である。

日光社寺文化財保存会の浅尾和年《あさおかずとし》さんに、その一部を見せていただいた。目の前に広げられたのは、一匹の竜が描《えが》かれた、畳一畳《たたみいちじょう》ほどの大きさの和紙だった。見取り図と呼ばれるものである。浅尾さんによると、実物の彫刻と同じ大きさや色合いで描かれているという。迫力に満ちた、色鮮やかな竜である。

そして、余白には、修復のための指示が細かな筆文字で書きこまれていた。確かに、彫刻の絵を正確に描くことで、形や色は描《か》き留めることができる。しかし、細かな技法や微妙な色合いなどの表現方法は、絵だけで完全に伝えることは難しい。絵で伝えることの困難な情報を、後世の職人が見たときにもわかるよう、丁寧《ていねい》に文字で書き留めていたのである。

橋本　典明「言葉がつなぐ世界遺産」

〈『NHKスペシャル 日本の世界遺産 秘められた知恵と力』の一部を書き改めたもの〉より

(1) 上の文章の問いと答えについて、次の問いに答えなさい。

① 問いとして述べられているのはどのようなことですか。あてはまるものを次から一つ選び、記号で答えなさい。

ア 日光の社寺はどのような経緯《けいい》で世界遺産に登録されたのか。
イ 建造物を修復・保存するための方法とはどんなものなのか。
ウ 色鮮やかな絵を描くのにどのような技法を用いているのか。

（　　）

ヒント 問いを表す表現に注目しよう。

② ①の答えの一つとして挙げられているものを、文章から七字で抜き出しなさい。

□□□□□□□

ヒント 問いのあとを読もう。

(2) ――線「細かな筆文字」は、何のために書きこまれたものですか。次の文の□にあてはまる言葉を、文章からaは二字、bは三字、cは二字で抜き出しなさい。

・絵では伝えることが難しい細かな[a]や微妙な[b]を後世の[c]に伝えるため。

a □□
b □□□
c □□

ヒント 「修復のための指示」とは具体的にどのようなものかな。

ぴたトレ 3 確認テスト

言葉がつなぐ世界遺産

時間20分
／100点
合格75点

解答 p.17

1 思考・判断・表現 文章を読んで、問いに答えなさい。

教科書206ページ12行～208ページ10行

木造の社寺建築では、建物そのものの修復保全は容易なことではない。それにもまして難しいのが、建物の装飾《そうしょく》を修復しながら後世に伝えていくことである。日光《にっこう》では創建当時から修復のたびに、職人たちが、彫刻《ちょうこく》そのものとその技法を一枚一枚の見取り図に記録し続けてきた。今、保存されているのは明治《めいじ》期以降に描かれた数千枚であるという。これが、まさに「①修復記録の蓄積《ちくせき》」なのである。

しかし、どんなにすばらしい見取り図があっても、それをもとに修復できる技術者がいなければ、日光の世界遺産を保存し続けることはできない。

そこで二つめにあげられるのが、「②世代を超《こ》えた技術の伝承」である。

現代では、日光ほどの装飾を社寺に施《ほどこ》すことはきわめて少ない。加えて、継承者《けいしょう》が減少し、昔ながらの材料も確保しにくいため、技術の伝承はいっそう難しくなっている。そうした中、日光では、日光社寺文化財保存会の技術者たちが、まさに口移しで彩色《さいしき》技術の詳細《しょうさい》を伝えながら、

よく出る

(1) ――線①「修復記録の蓄積」とありますが、具体的には何を指していますか。 10点

(2) ――線②「世代を超えた技術の伝承」が難しい理由を、文章の言葉を用いて三つに分けて書きなさい。 各10点

(3) ――線③「彫刻の細部に丁寧に色をつけていた」とありますが、それはどのような様子を表していますか。次の□にあてはまるように、文章から四字で抜き出しなさい。 5点

・伝統の技術を□でつかもうとしている様子。

(4) ――線④「実に繊細な技術」とありますが、その「技術」とはどのようなものですか。次の□にあてはまるように、文章から十二字で探し、初めの五字を抜き出しなさい。 5点

・後世の者たちが□先人の技。

(5) 本文の内容として正しいものを次から一つ選び、記号で答えなさい。 5点

ア 澤田さんは師匠の手塚さんに技術の指導を受けている。
イ 絵の具はいつどんなときでも決められた調合をするのが大変である。
ウ 手塚さんは六年たってようやく一人前の職人になった。
エ 口頭での伝承を自分のものにするには肌でつかむしかない。

考える

(6) ――線⑤「手塚さんの言葉はとても重みのあるものに感じられた」とありますが、その言葉にこめられた手塚さんの気持ちを考えて書きなさい。 25点

修復を行っている。
　手塚茂幸《てづかしげゆき》さんは、彩色を始めて六年めになるという。この道四十年近くになる澤田了司《さわだりょうじ》さんの指導を受けながら、③彫刻の細部に丁寧《ていねい》に色をつけていた。

　日光では、創建当時から彩色に岩絵の具や金箔《きんぱく》が使われてきた。多彩に見えるが、実際に使われている絵の具は、十種類にも満たない。微妙《びみょう》に混ぜ合わせ、また、立体的な置き上げ技法による陰影《いんえい》などを利用して、複雑な色彩を生み出している。さらに、その日の湿《しつ》度《ど》や温度によっても、絵の具の溶《と》き方をきめ細かく変え、微妙な色合いを確かめながら、彫刻の一つ一つの部分を丁寧に塗《ぬ》らなければならない。④実に繊細《せんさい》な技術は、師匠《ししょう》から弟《で》子《し》に、丁寧に説明され受け継《つ》がれていく。この日も、師匠である澤田さんの言葉を、噛《か》みしめながら聞いている手塚さんの姿があった。

ここでもまた、技術を受け渡していくのは、言葉なのである。
「（教えられたことを）自分の肌《はだ》でつかんで、初めてできるようになると思います。それまではまだまだ修行《しゅぎょう》です。」と、作業の手を止めることなく、手塚さんは語った。
　言葉で教えられたことを自分の技術へと高めていく。彼らが受け継がなければ失われる技術であるだけに、⑤手塚さんの言葉はとても重みのあるものに感じられた。

橋本 典明「言葉がつなぐ世界遺産」
〈『NHKスペシャル 日本の世界遺産 秘められた知恵と力』の一部を書き改めたもの〉より

2 ――線のカタカナを漢字で書きなさい。　各5点

① 品質をシンサする。
② 風景画をエガく。
③ コい色の絵の具。
④ カンキョウを考える。

1 (1)	1 (2)	1 (3)	1 (4)	1 (5)	1 (6)	2 ①	2 ②	2 ③	2 ④

ぴたトレ 1 要点チェック

地域から世界へ――ものづくりで未来を変える――

関根《せきね》 由子《よしこ》

解答 p.18

1 これまでに習った漢字　読み仮名を書きなさい。

①伝統（　）　②収入（　）　③染める（　）　④呼ぶ（　）
⑤模様（　）　⑥絹（　）　⑦専門（　）　⑧貴重（　）
⑨寄せる（　）　⑩実際（　）　⑪展覧（　）　⑫拡大（　）
⑬研修（　）　⑭視野（　）　⑮包装（　）　⑯訪ねる（　）
⑰基準（　）　⑱提供（　）　⑲銭湯（　）　⑳価値（　）

2 重要語句　正しい意味を下から選び、記号で答えなさい。

①（　）依託《いたく》　ア 他に任せること。
②（　）継承《けいしょう》　イ こだわってゆずらないこと。
③（　）固執《こしゅう》　ウ 仕事や財産などを受けつぐこと。

3 文章の要点　（　）にあてはまる言葉を入れなさい。

●村瀬《むらせ》裕《ひろし》さん…愛知県名古屋《なごや》市有松《ありまつ》・鳴海《なるみ》地区に伝わる「（①　）」の職人。新たな（②　）を使ったり、絞《しぼ》りの技法を工夫したりして、海外に魅力《みりょく》を発信している。

●小林新也《こばやししんや》さん…デザイナー。兵庫県小野《おの》市の家庭用はさみを「（③　）」であるという商標をつけるなど、売り方や見せ方を工夫して、魅力を発信している。

●山川智嗣《やまかわともつぐ》さん…建築家。富山県南砺《なんと》市井波《いなみ》地域の「（④　）」の魅力を発信している。地域の空き家を利用し、宿泊施設《しせつ》と（⑤　）ができるプランを作るなど、地域全体の活性化を図っている。

地域から世界へ――ものづくりで未来を変える――

タイム トライアル 8分

解答 p.18

1 読解問題　文章を読んで、問いに答えなさい。

教科書213ページ下12行～214ページ上8行

　一九九二（平成四）年、日本で「第一回　国際絞《しぼ》り会議」が開かれました。①会議に実行委員として参加した村瀬《むらせ》さんは、各国から集まった「絞り」職人から、「有松《ありまつ》・鳴海《なるみ》絞り」が高い技術をもっていること、その技術を限られた地域の伝統にとどめず、産業として現代につなげていることが世界的にも貴重であることを教えられました。海外の職人からも、「有松・鳴海の技術を、言葉だけでなく、②実技や体験として学びたい。」という要望が寄せられたため、村瀬さんは欧米《おうべい》の各地で、展示会や技術を実際に見せる展覧会やワークショップを開催しました。このような取り組みをとおして、村瀬さんは、「あえて『和』に固執《こしゅう》せず、新しい分野で、しかも海外で認められることが、日本での価値観を変える。」と考えました。

関根　由子「地域から世界へ――ものづくりで未来を変える――」より

(1) ――線①「会議に実行委員として参加した村瀬さん」はどのようなことを教えられましたか。次の［　］にあてはまる言葉を文章からそれぞれ二字で抜き出しなさい。

・「有松・鳴海絞り」が高い［a］をもっていて、［b］として現代につなげていることは世界的に［c］であること。

a［　　］ b［　　］ c［　　］

ヒント 「教えられました」とあるところに注目しよう。

(2) ――線②「実技や体験として学びたい」という要望に対して、村瀬さんはどうしましたか。次の［　］にあてはまる言葉を七字で抜き出しなさい。

・展示会や技術を実際に見せる展覧会や［　　］を開催した。

［　　　　　　　］

ヒント 村瀬さんは要望に応えて何を開催しただろう。

(3) 村瀬さんがさまざまな取り組みをとおして、日本での絞りに対する価値観を変えるために何が大切だと考えましたか。あてはまるものを次から一つ選び、記号で答えなさい。

ア 「和」に固執せず、新しい分野で海外から評価を得ること。
イ 「和」を強調し、海外での宣伝を展開すること。
ウ 「和」を取り入れ、国内向けの商品を開発すること。

（　　）

ヒント 村瀬さんは欧米の各地で展示会などを開催してきたね。

ぴたトレ 3 確認テスト

地域から世界へ――ものづくりで未来を変える――

時間20分　／100点　合格75点

解答 p.18

1 思考・判断・表現　文章を読んで、問いに答えなさい。

教科書216ページ下16行〜218ページ下5行

山川智嗣《やまかわともつぐ》さんは、富山県富山市生まれの建築家です。そして今、県内の南砺《なんと》市井波《いなみ》地域に住み、「①井波彫刻」の魅力《みりょく》を国内外に発信しています。

二百本以上のノミと彫刻刀を駆使《くし》して欄間《らんま》などの工芸品を生み出す「井波彫刻」は、江戸時代の中期から、京都の宮大工の技術を受け継《つ》いで発展してきました。井波地域では現在も、人口約八千人の町に二百人ほどの彫刻師がいて、彫刻師の組合が学校を作り、後継《こうけい》者の育成も続けています。その技術は、二〇一八（平成三十）年の名古屋《なごや》城本丸御殿《ごてん》復元の際、井波の職人による欄間の制作にも生かされました。

ところが住宅様式が変わり、欄間の需要《じゅよう》も少なくなりました。以前は百二十軒近くあった工房《こうぼう》も年々減少し、町には空き家も増えてきました。

山川さんはその空き家に着目して、宿泊施設《しゅくはくしせつ》と、木彫体験ができる宿泊プランを作りました。宿泊者は、好きな体験コースを選び、職人の工房で直接、彫刻の手ほどきを受けながら、作品作りが楽しめます。

このプランは年間千人ほどの利用者があり、そのうちの約七割が外国人です。特にヨーロッパ系の映画監督《かんとく》やインテリアデザイナーなど、ものづくりに関わる人たちに人気があります。彼らがイン

(1) ――線①「『井波彫刻』の魅力」について答えなさい。

① 「井波彫刻」とは、どのようなものですか。次の□にあてはまる言葉を文章から、aは三字、b・cは二字で抜き出しなさい。　各5点

・江戸時代の中期から、京都の［a］の技術を受け継いで発展した、二百本以上の［b］と彫刻刀を駆使して［c］などの工芸品を作る彫刻。

② 「井波彫刻」の魅力はどのようなところだと、山川さんは考えていますか。簡単に説明しなさい。　15点

(2) ――線②「井波地域のみで使えるアプリ」はどういう目的で開発されたものですか。文章から八字で抜き出しなさい。　10点

(3) よく出る　――線③「地元の職人を生かし、空き家も生かし」とありますが、職人や空き家を生かすために山川さんが行ったことは何ですか。簡単に説明しなさい。　10点

(4) ――線④「世界という新しい視点」を取り入れた結果、井波地域はどのようになりましたか。あてはまるものを次から一つ選び、記号で答えなさい。　10点

ア インターネットで話題になり、多くの若者が押し寄せた。

イ 新しいものづくりがさかんになり、井波彫刻がすたれた。

ウ 木彫体験が外国のものづくりに関わる人に人気になった。

(5) 考える　〜〜線「職人の技術をもとにした町づくり」の目的は何ですか。「住宅様式」「海外」という言葉を使って説明しなさい。　20点

ターネットで感想を世界に発信し、それが新たな宿泊客を呼んでいるのです。

　さらに山川さんは、②井波地域のみで使えるアプリを開発しました。宿では食事を提供せず、観光客はこのアプリで、レストランや工房、銭湯などの情報を得て、町の中を楽しむことができます。

　職人たちが、海外からの観光客など新しい需要を見いだして、自分たちで収入を得ていくことができる、職人の技術をもとにした町づくりを、山川さんは模索しています。

「井波彫刻は、新しいものをずっと作り続けてきた。決まった型がなく、職人どうしが競《きそ》って技術を高めて、なんでも彫れる。だからこそ、井波彫刻としての価値が残ってきた。」「建築家の役割として、③地元の職人を生かし、空き家も生かし、地域全体の活性化を目ざしたい。」と、山川さんは言います。

　三人の活動はいずれも、地元の伝統的なものづくりを支える確かな技術を改めて見直すことから始まりました。さらに、「伝統」を大切に考えながらもその点にのみ縛られず、④世界という新しい視点を取り入れたことで、それまで気づかなかったさらなる魅力を見いだし、地域を越《こ》えて若い世代の人や外国人などの新たな需要へとつなげることになったのです。

関根　由子「地域から世界へ――ものづくりで未来を変える――」より

2 ――線のカタカナを漢字で書きなさい。　各5点

① カタガミを切る。
② ヌノをぬい合わせる。
③ 力のカギり走る。
④ 大会がカイサイされる。

1							2			
(1) ①			(1) ②	(2)	(3)	(4)	(5)	①	②	③	④
a	b	c									

ぴたトレ1
要点チェック

文法の小窓3　単語のいろいろ

解答 p.18

1 これまでに習った漢字　読み仮名を書きなさい。

① 遺産（　）
② 厳しい（　）
③ 理解（　）
④ 役割（　）
⑤ 付属（　）
⑥ 単独（　）
⑦ 必ず（　）
⑧ 降る（　）
⑨ 保健（　）
⑩ 性質（　）
⑪ 接続（　）
⑫ 述語（　）
⑬ 立派（　）
⑭ 基準（　）
⑮ 判断（　）
⑯ 複数（　）

2 重要語句　正しい意味を下から選び、記号で答えなさい。

①（　）景観
②（　）陰影《いんえい》
③（　）微妙
④（　）繊細
⑤（　）凡例《はんれい》

ア 光の当たらない部分。
イ 感覚などが細やかで鋭い様子。
ウ すばらしい眺め。
エ 本の初めの、構成などについて述べた部分。
オ 細かく複雑で、簡単には言い表せない様子。

スタートアップ

自立語と付属語

自立語…それだけで文節をつくれる単語。
付属語…それだけでは文節をつくれず、必ず自立語につく単語。

活用…他の単語があとにつくときに、言葉の形が変わること。

活用のない自立語…名詞（体言）・連体詞・副詞・接続詞・感動詞。

活用のある自立語（用言）…動詞・形容詞・形容動詞。

付属語
助詞…活用のない付属語。　助動詞…活用のある付属語。

品詞分類…品詞とは、単語を性質やはたらきによって分類したもの。

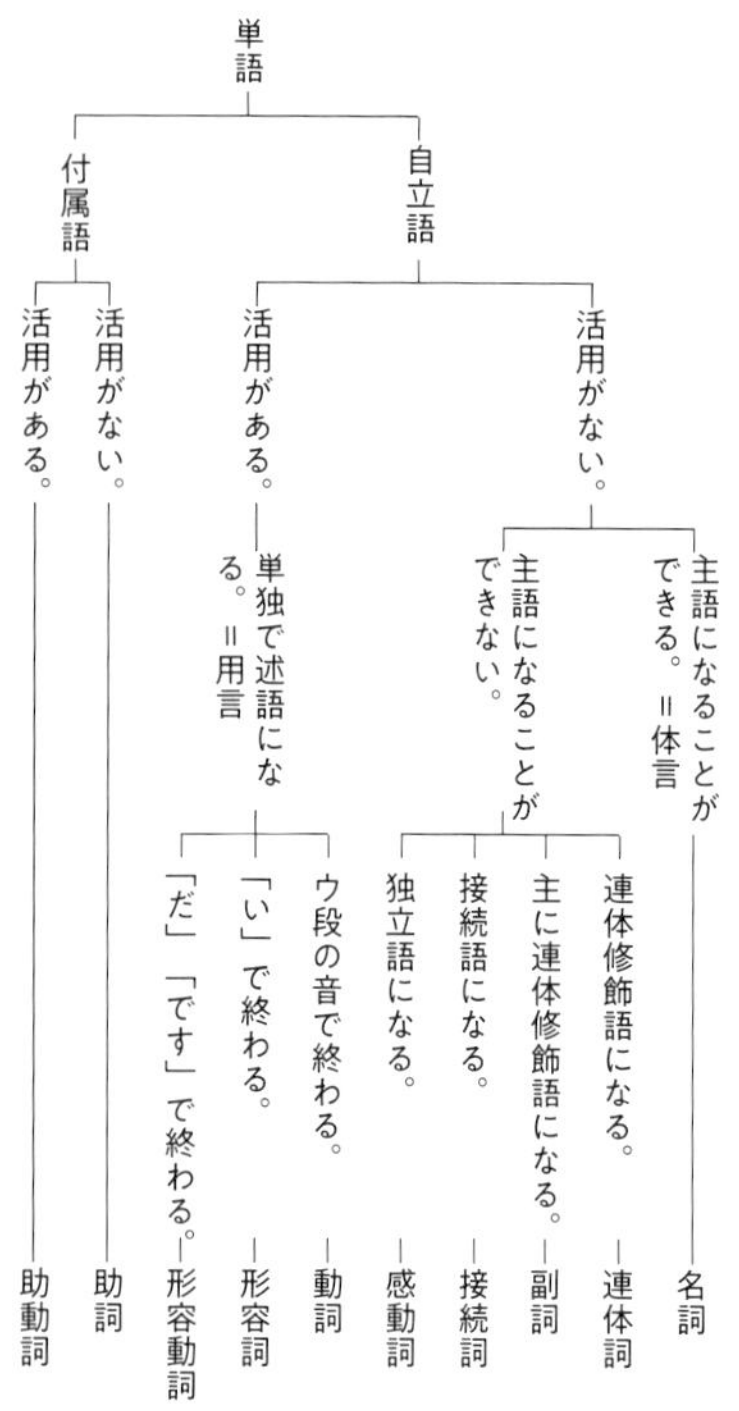

1 次の文の――の言葉が、自立語か付属語か答えなさい。
① お客様が来①られる。
② すずしい風が吹く。
③ 僕は昨日、メロンを食べた。
④ 森の空気はひんやりと冷たかった。

2 次の文の（　）にあてはまる言葉を書きなさい。
① みんなは、元気（　　）た。
② 字をきちんと書（　　）う。
③ 庭の隅のきれい（　　）花。
④ 明日、晴れ（　　）ば、出かけよう。

3 次の文の――線の言葉の品詞をあとから選んで、記号で答えなさい。
・①おお、②庭に③植えた植物が④ずいぶん⑤大きくなった。
・⑥だから、⑦あの箱は⑧丁寧《ていねい》に扱《あつか》って言ったじゃないか。
ア 名詞　**イ** 連体詞　**ウ** 副詞
エ 接続詞　**オ** 感動詞　**カ** 動詞
キ 形容詞　**ク** 形容動詞

4 次の文の――線の言葉が助詞か助動詞かを書きなさい。
・公園①で何②かのイベント③があるそうだ④と、友人⑤から今聞い⑥た。

5 次の文の――線の言葉の品詞名を漢字で書きなさい。
・「①おはよう。」と②声を③かけると、④その子は⑤静かに振り返って、⑥にっこりと⑦笑っ⑧た。

1				2				3								4						5							
①	②	③	④	①	②	③	④	①	②	③	④	⑤	⑥	⑦	⑧	①	②	③	④	⑤	⑥	①	②	③	④	⑤	⑥	⑦	⑧

ぴたトレ 1 要点チェック

漢字の広場4 熟語の構成

解答 p.19

1 新しく習った漢字　読み仮名を書きなさい。

①雷鳴（　　）　②名峰（　　）　③砂丘（　　）　④舞台（　　）
⑤腕力（　　）　⑥出荷（　　）　⑦企業（　　）　⑧拍手（　　）
⑨山岳（　　）　⑩訂正（　　）　⑪壮大（　　）　⑫解剖（　　）
⑬洞窟（　　）　⑭是非（　　）　⑮鈍化（　　）　⑯漏水（　　）
⑰添削（　　）　⑱剛性（　　）　⑲憂鬱（　　）　⑳遷都（　　）
㉑油脂（　　）　㉒嗅覚（　　）　㉓不朽（　　）　㉔環礁（　　）

2 重要語句　正しい意味を下から選び、記号で答えなさい。

①（　　）禍福《かふく》　ア　災いと幸せ。
②（　　）秀麗《しゅうれい》　イ　きわだってうるわしいこと。

スタートアップ

熟語の構成には次のようなものがある。

主語-述語　型…前が主語で、あとが述語。
例　国営（国が営む）など

修飾-被修飾《ひ》　型…前の部分があとの部分を修飾する。
例　激動（激しく動く）など

述語-対象　型…前が述語の意味を表し、あとが「……を」「……に」などの対象を表す。
例　読書（書を読む）など

同類語　型…前とあとが似た意味で並立《へいりつ》している。
例　寒冷（寒い・冷たい）など

反対語　型…前とあとが反対の意味で並立している。
例　上下（上・下）など

接頭語　型…「不」「無」「非」「未」などの接頭語があとの部分の意味を打ち消す。
例　無理　など

接尾語　型…「性」「然」「的」「化」などの接尾語があとにつく。
例　当然　など

漢字の広場4　熟語の構成

タイムトライアル
10分

解答 p.19

1 次の熟語の構成をあとから一つずつ選び、記号で答えなさい。

① 作文
② 品質
③ 人造
④ 乗車

ア 主語－述語　型
イ 修飾－被《ひ》修飾　型
ウ 述語－対象　型

2 「同類語　型」の熟語になるように、次の□にあてはまる漢字を書きなさい。

① 身□
② 豊□
③ □暖
④ 救□
⑤ 善□

3 「反対語　型」の熟語になるように、次の□にあてはまる漢字を書きなさい。

① 苦□
② □暖
③ 遠□
④ 善□
⑤ 損□

4 次の□にあてはまる漢字をあとから一つずつ選び、記号で答えなさい。

① 習□
② □服
③ 変□
④ 詩□
⑤ □常
⑥ □決

ア 的　**イ** 性　**ウ** 不
エ 化　**オ** 未　**カ** 非

1	2	3	4	
①	①	①	①	④
②	②	②	②	⑤
③	③	③	③	⑥
④	④	④		
	⑤	⑤		

ぴたトレ 1
要点チェック

四季の詩
（漢字の練習6）

1 新しく習った漢字　読み仮名を書きなさい。

①渋滞《たい》（　）
②柿（　）
③桃（　）
④邦楽（　）
⑤海藻（　）
⑥河川（　）
⑦措置（　）
⑧進捗（　）
⑨症状（　）
⑩種痘（　）
⑪下痢（　）
⑫利潤（　）
⑬浸水（　）
⑭分泌（　）
⑮坪数（　）
⑯貝塚（　）
⑰古墳（　）
⑱土壌（　）
⑲困窮（　）
⑳窃盗（　）
㉑窯元（　）
㉒邸宅（　）
㉓桑畑（　）
㉔新郎（　）

2 重要語句　正しい意味を下から選び、記号で答えなさい。

①（　）なつかしむ
②（　）さそう

ア ある状態へ仕向ける。
イ 昔のことを思い出して心ひかれる。

スタートアップ

季節とイメージ

俳句では、季語という季節に関する言葉を必ず入れることになっている。詩には季語を入れるというルールはないが、自然をよんだ詩では、季節をイメージする言葉が使われることがある。

●春…例 桜・菜の花・ひな祭り・うぐいす　など
●夏…例 海・プール・せみ・夏休み・ひまわり　など
●秋…例 すすき・こおろぎ・なし・コスモス　など
●冬…例 雪・枯れ葉・クリスマス・マフラー　など

表現の工夫

詩には、内容を効果的に表現するために、さまざまな表現が用いられる。

・あるものを別のものに例える表現。
例 まるで太陽のような花。
・同じような表現を繰《く》り返す表現。
例 赤い花が咲いた。青い花が咲いた。

解答 p.20

四季の詩

タイムトライアル 8分

解答 p.20

1 読解問題 詩を読んで、問いに答えなさい。

教科書236ページ〜237ページ

A 春　　安西《あんざい》 冬衛《ふゆえ》

てふてふが一匹韃靼海峡《だったんかいけふ》を渡つて行つた。

B 虫　　八木《やぎ》 重吉《じゅうきち》

虫がないてる
いま　ないておかなければ
もう駄目《だめ》だというふうにないてる
しぜんと
涙《なみだ》をさそわれる

C 雪　　三好《みよし》 達治《たつじ》

太郎を眠らせ、太郎の屋根に雪ふりつむ。
次郎を眠らせ、次郎の屋根に雪ふりつむ。

「四季の詩」より

(1) A〜Cの詩から、季節を表す言葉をそれぞれ抜き出しなさい。

A（　　） B（　　）
C（　　）

ヒント それぞれの詩から季節をイメージできる言葉を探そう。

(2) Bの詩の「もう駄目だ」とはどのような意味だと考えられますか。次から一つ選び、記号で答えなさい。

ア 聞いてくれる人がいなくなる。
イ 涙をささえなくなる。
ウ 秋が過ぎれば、死んでしまう。

（　　）

ヒント 「しぜんと／涙をさそわれる」から考えよう。

(3) Cの詩にはどのような情景がうたわれていますか。次から一つ選び、記号で答えなさい。

ア 雪の降る夜の寒さ。
イ 雪の降る夜の静けさ。
ウ 雪の降る夜のつらさ。

（　　）

ヒント 太郎と次郎が眠り、雪が降っているという内容だね。

ぴたトレ 1
要点チェック

少年の日の思い出

ヘルマン＝ヘッセ／高橋《たかはし》 健二《けんじ》訳

解答 p.20

1 新しく習った漢字　読み仮名を書きなさい。

①擦る（　　）　②珍しい（　　）　③遊戯（　　）　④貪る（　　）
⑤忍ぶ（　　）　⑥斑点（　　）　⑦歓喜（　　）　⑧貼る（　　）
⑨模範（　　）　⑩妬む（　　）　⑪鑑定（　　）　⑫挿絵（　　）
⑬熱烈（　　）　⑭幾度（　　）　⑮羨む（　　）　⑯優雅（　　）
⑰丹念（　　）　⑱依然（　　）　⑲軽蔑（　　）　⑳扱う（　　）
㉑喉笛（　　）　㉒罵る（　　）　㉓償う（　　）　㉔遅い（　　）

2 重要語句　正しい意味を下から選び、記号で答えなさい。

①（　　）あいにく　　ア　さしあたり。今のところは。
②（　　）さしずめ　　イ　残念ながら。間が悪く。

3 登場人物　（　）にあてはまる言葉を入れなさい。

●「私」…最近、幼年時代のようにチョウチョ集めをしている。
●「僕」（＝客）…「私」の客。「私」に子どものころのことを話す。エーミールに（①　　　）を見せたが、難癖をつけられた。
●エーミール…「僕」の家の近くに住む。非のうちどころがない模範少年。（②　　　）をサナギからかえした噂《うわさ》が広まる。
●母…「僕」のしでかしたことを聞き、あやまりに行くように言う。

得点UPポイント

語り手が「誰」か意識する！

☑『少年の日の思い出』は場面によって語り手が変わる物語である。
☑誰の視点で物語が進められていくのかを確かめながら読もう。

左の文章では、語り手が途中で変わっているよ。

少年の日の思い出

1 読解問題 文章を読んで、問いに答えなさい。

教科書244ページ6行〜245ページ3行

彼はランプのほやの上でたばこに火をつけ、緑色のかさをランプに載せた。すると、私たちの顔は、快い薄暗がりの中に沈んだ。彼が開いた窓の縁《ふち》に腰かけると、彼の姿は、外の闇からほとんど見分けがつかなかった。私は葉巻を吸った。外では、カエルが遠くからかん高く、闇一面に鳴いていた。友人はその間に次のように語った。

①僕は、八つか九つの時、チョウチョ集めを始めた。初めは特別熱心でもなく、ただはやりだったので、やっていたまでだった。ところが、十歳《さい》ぐらいになった二度めの夏には、僕は全くこの遊戯のとりこになり、ひどく心を打ち込んでしまい、そのため他のことはすっかりすっぽかしてしまったので、みんなは何度も、僕に②それをやめさせなければなるまい、と考えたほどだった。チョウを採りに出かけると、学校の時間だろうが、お昼ご飯だろうが、もう塔の時計が鳴るのなんか、耳に入らなかった。休暇になると、パンを一切れ胴乱《どうらん》に入れて、朝早くから夜まで、食事になんか帰らないで、駆《か》け歩くことがたびたびあった。

〈ヘルマン=ヘッセ／高橋　健二訳「少年の日の思い出」〈ヘッセ全集2　車輪の下〉より〉

(1) ——線①「僕」と同じ人物を指す言葉を第一段落から二字で抜き出しなさい。

ヒント 語り手が変わったことに注意しよう。

(2) ——線②「それ」とは何のことですか。文章から七字で抜き出しなさい。

ヒント 「僕」が夢中だったものは何だろう。

(3) 上の文章の内容としてあてはまらないものを次から一つ選び、記号で答えなさい。

ア 緑色のかさをランプに載せたので、「私」は、友人がどのような表情で語っているのかわからない。

イ 「僕」は八つか九つの時には、すでにチョウを集めるのに夢中になっていた。

ウ 「僕」は食事の時間にも帰らず、朝から晩までずっとチョウを採っていた。

ヒント 「僕」はいつからチョウを集めることに夢中になったかな。

（　　）

ぴたトレ 3

確認テスト①

少年の日の思い出

時間20分

／100点

合格75点

解答 p.20

1 思考・判断・表現

文章を読んで、問いに答えなさい。

教科書246ページ5行〜247ページ16行

僕の両親は①立派な道具なんかくれなかったから、僕は自分の収集を、古い潰《つぶ》れたボール紙の箱にしまっておかねばならなかった。びんの栓《せん》から切り抜いた丸いキルクを底に貼《は》り付け、ピンをそれに留めた。こうした箱の潰れた壁《かべ》の間に、僕は自分の宝物をしまっていた。初めのうち、僕は自分の収集を喜んでたびたび仲間に見せたが、他の者はガラスの蓋《ふた》のある木箱や、緑色のガーゼを貼った飼育箱や、その他ぜいたくなものを持っていたので、自分の幼稚な設備を自慢することなんかできなかった。それどころか、②重大で、評判になるような発見物や獲物《えもの》があっても、ないしょにし、自分の妹たちだけに見せる習慣になった。

　ある時、僕は、僕らのところでは珍《めずら》しい青いコムラサキを捕《と》らえた。それを展翅《てんし》し、乾《かわ》いた時に、得意のあまり、せめて③隣《となり》の子どもにだけは見せよう、

(1) ――線①「立派な道具」と反対の意味を表している言葉を文章から五字で抜き出しなさい。　10点

(2) ――線②「重大で、評判になるような……見せる習慣になった」とありますが、そのような「習慣」になったのはなぜですか。次から一つ選び、記号で答えなさい。　10点

ア 仲間にチョウを見せてもほめてもらえなかったから。
イ 自慢できるようなチョウを持っていなかったから。
ウ 使っている道具を見られるのが恥ずかしかったから。

(3) ――線③「隣の子ども」とは、どのような子どもでしたか。次の□にあてはまる言葉を、文章からaは十字、bは十四字で探し、それぞれ初めの四字ずつを抜き出しなさい。　各10点

・ a 少年で、 b 性質をしていた。

よく出る

(4) ――線④「一つの宝石のようなもの」とありますが、それはどのような意味を表していますか。次から一つ選び、記号で答えなさい。　10点

ア 珍しく高価なもの　　**イ** 誰もが欲しがる有名なもの
ウ 小さくて自慢できるもの　　**エ** 手入れされた美しいもの

(5) ――線⑤「彼を憎んでいた」とありますが、なぜですか。次から一つ選び、記号で答えなさい。　10点

ア 自分と似ていたから。　　**イ** とてもかなわないから。
ウ じゃまに思えたから。　　**エ** 自分を見下していたから。

考える

(6) ――線⑥「僕は二度と彼に獲物を見せなかった」とありますが、なぜですか。「欠陥」、「喜び」という言葉を用いて、簡単に説明しなさい。　20点

という気になった。それは、中庭の向こうに住んでいる先生の息子だった。この少年は、非のうちどころがないという悪徳をもっていた。それは子どもとしては二倍も気味悪い性質だった。彼の収集は小さく貧弱だったが、こぎれいなのと、手入れの正確な点で④一つの宝石のようなものになっていた。彼はそのうえ、傷《いた》んだり壊れたりしたチョウの羽を、にかわで継《つ》ぎ合わすという、非常に難しい珍しい技術を心得ていた。とにかく、あらゆる点で、模《も》範《はん》少年だった。そのため、僕は妬《ねた》み、嘆賞《たんしょう》しながら⑤彼を憎《にく》んでいた。

この少年にコムラサキを見せた。彼は専門家らしくそれを鑑定《かんてい》し、その珍しいことを認め、二十ペニヒぐらいの現金の値打ちはある、と値踏みした。しかしそれから、彼は難癖をつけ始め、展翅の仕方が悪いとか、右の触角《しょっかく》が曲がっているとか、左の触角が伸《の》びているとか言い、そのうえ、足が二本欠けているという、もっともな欠陥を発見した。僕はその欠点をたいしたものとは考えなかったが、こっぴどい批評家のため、自分の獲物に対する喜びはかなり傷つけられた。それで⑥僕は二度と彼に獲物を見せなかった。

〈ヘルマン＝ヘッセ／高橋 健二訳「少年の日の思い出」〈ヘッセ全集2 車輪の下〉より

2 ——線のカタカナを漢字で書きなさい。 各5点

① エみをうかべる。
② ニンジャの物語。
③ 品物をベンショウする。
④ 約束にチコクする。

1						2			
(1)	(2)	(3)	(4)	(5)	(6)	①	②	③	④
		a							
		b							

ぴたトレ 3
確認テスト②

少年の日の思い出

時間20分
／100点
合格75点

解答 p.21

1 思考・判断・表現　文章を読んで、問いに答えなさい。

教科書251ページ5行〜254ページ2行

　盗みをしたという気持ちより、自分が潰《つぶ》してしまった美しい珍《めずら》しいチョウを見ているほうが、僕の心を苦しめた。微妙なとび色がかった羽の粉が、自分の指にくっついているのを、僕は見た。また、ばらばらになった羽がそこに転がっているのを見た。それをすっかりもとどおりにすることができたら、僕はどんな持ち物でも楽しみでも、喜んで投げ出したろう。

　悲しい気持ちで僕は家に帰り、夕方までうちの小さい庭の中に腰かけていたが、ついに一切を母にうち明ける勇気を起こした。母は驚き悲しんだが、すでに①この告白が、どんな罰を忍《しの》ぶことより、僕にとってつらいことだったということを感じたらしかった。

「おまえは、エーミールのところに行かねばなりません。」と母はきっぱりと言った。「そして、自分でそう言わなくてはなりません。それよりほかに、どうしようもありません。おまえの持っている物のうちから、どれかを埋《う》め合わせにより抜いてもらうように、申し出るのです。そして許してもらうように頼まねばなりません。」

　あの模範《もはん》少年でなくて、他の友達だったら、すぐにそうする気になれただろう。彼が僕の言うことをわかってくれないし、おそらく全然信じようともしないだろうということを、僕は前もって、はっきり感じていた。かれこれ夜になってしまったが、②僕は出かける気になれなかった。母は僕が中庭にいるのを見つけて、「今日のうちでなければなりません。さあ、行きなさい！」と小声で言った。そ

(1) ——線①「この告白」とありますが、どのような内容でしたか。簡潔に答えなさい。　10点

(2) ——線②「僕は出かける気になれなかった」とありますが、その理由がわかる一文を探し、初めと終わりの三字ずつを抜き出しなさい。（句読点を含む。）　10点

(3) ——線③「ヤママユガ」の特徴《とくちょう》がわかる表現を文章から十一字で抜き出しなさい。　5点

よく出る

(4) ——線④「だいなしになったチョウ」とありますが、そのチョウについての「僕」の気持ちを表す一文を文章から探し、初めと終わりの三字ずつを抜き出しなさい。（句読点を含む。）　10点

(5) ——線⑤「説明しようと試みた」とありますが、説明しようとしたのはどのようなことですか。簡潔に書きなさい。　10点

(6) ——線⑥「そんなやつ」と同じ意味を表す言葉を文章から二字で抜き出しなさい。　5点

(7) ——線⑦「その瞬間、僕は……飛びかかるところだった」とありますが、なぜですか。次から一つ選び、記号で答えなさい。　10点

ア　許してもらえないので、力でねじふせようと思ったから。
イ　必死にわびたのに、チョウに関する全てを否定されたから。
ウ　苦労して集めたチョウの収集をけなされてしまったから。
エ　チョウを扱う技術のつたなさをあからさまに言われたから。

考える

(8) この文章に描かれた「エーミール」はどのような人物ですか。考えて書きなさい。　20点

れで僕は出かけていき、エーミールは、と尋《たず》ねた。彼は出てきて、すぐに、誰かが③ヤママユガをだいなしにしてしまった。悪いやつがやったのか、あるいはネコがやったのかわからない、と語った。僕はそのチョウを見せてくれと頼んだ。二人は上に上がっていった。彼はろうそくをつけた。僕は④だいなしになったチョウが展翅板《てんし》の上に載っているのを見た。エーミールがそれを繕《つくろ》うために努力した跡《あと》が認められた。壊れた羽は丹念《たんねん》に広げられ、ぬれた吸い取り紙の上に置かれてあった。しかしそれは直すよしもなかった。触角《しょっかく》もやはりなくなっていた。そこで、それは僕がやったのだと言い、詳しく話し、⑤説明しようと試みた。

すると、エーミールは激したり、僕をどなりつけたりなどはしないで、低く、ちぇっと舌を鳴らし、しばらくじっと僕を見つめていたが、それから「そうか、そうか、つまり君は⑥そんなやつなんだな。」と言った。

僕は彼に、僕のおもちゃをみんなやると言った。それでも彼は冷《れい》淡《たん》にかまえ、依然《いぜん》僕をただ軽蔑《けいべつ》的に見つめていたので、僕は自分のチョウの収集を全部やると言った。しかし彼は、「けっこうだよ。僕は君の集めたやつはもう知っている。そのうえ、今日また、君がチョウをどんなに取り扱《あつか》っているか、ということを見ることができたさ。」と言った。

⑦その瞬間《しゅんかん》、僕はすんでのところであいつの喉笛《のどぶえ》に飛びかかるところだった。もうどうにもしようがなかった。僕は悪漢だということに決まってしまい、エーミールはまるで世界のおきてを代表でもするかのように、冷然と、正義をたてに、侮《あなど》るように、僕の前に立っていた。彼は罵《ののし》りさえしなかった。ただ僕を眺めて、軽蔑していた。

〈ヘルマン＝ヘッセ／高橋　健二訳「少年の日の思い出」〈ヘッセ全集２　車輪の下〉より

2 ――線のカタカナを漢字で書きなさい。　各5点

① 選手をドウ上げする。
② 服をタタむ。
③ 瓶にセンをする。
④ 友達を遊びにサソう。

1								2			
(1)	(2)	(3)	(4)	(5)	(6)	(7)	(8)	①	②	③	④
	初め　終わり		初め　終わり								

ぴたトレ 1
要点チェック

言葉の小窓3（漢字の練習7） 方言と共通語

解答 p.22

1 新しく習った漢字 読み仮名を書きなさい。

①柳（　　）
②戒める（　　）
③抄録（　　）
④患者（　　）
⑤撤回（　　）
⑥哺乳類（　　）
⑦謁見（　　）
⑧獣医（　　）
⑨澄む（　　）
⑩惜敗（　　）
⑪小豆（　　）
⑫海原（　　）
⑬尻尾（　　）
⑭竹刀（　　）
⑮芝生（　　）
⑯雪崩（　　）
⑰叔父（　　）

2 重要語句 正しい意味を下から選び、記号で答えなさい。

①（　　）軽率《けいそつ》　**ア** 主な原因。
②（　　）孤立《こりつ》　**イ** 助けが得られない状況《じょうきょう》であること。
③（　　）要因　**ウ** 軽はずみな様子。

スタートアップ

方言と共通語
・方言…地域によって違いがみられる言葉。
・共通語…昔の江戸周辺の地域で使われていた言葉をもとに、近畿《きんき》地方の方言などが加わってできた言葉。

方言はどうしてできるか
・別々の場所に暮らし、話をする機会がない。
↓言葉が違ってくる。

方言のいろいろ
・単語の違い　・発音（アクセント）の違い　など

新しい方言
例 大学の新入生の呼び方。
↓一年生（関東地方）・一回生（近畿地方）
※大学ができたのは明治時代だから、言葉の違いは古いものではなく、「新しい方言」と言える。

社会方言
所属する団体や世代などの社会的な原因で、違ってくる言葉。

方言と共通語の使い分け
方言を使う→例 家族と話すとき。
共通語を使う→例 よそから来た人と話すとき。

ぴたトレ2 練習

言葉の小窓3　方言と共通語

タイム トライアル 10分

解答 p.22

1 次の説明が方言についてのものならア、共通語についてのものならイの記号で答えなさい。

① ある地域だけで使われている。
② 全国どこでも通じる。
③ 昔の江戸周辺の地域の言葉をもとにできたといわれている。
④ 自由に行き来できないそれぞれの地方でできた。
⑤ 長い時間をかけてできた言葉で、日本語の歴史をたどることもできる。

2 次の各組の言葉は、共通語の何という言葉にあたりますか。あとから一つずつ選び、記号で答えなさい。

① ナガメ・ニューバイ　② アケズ・アケージュー
③ タギモノ・タムン　④ イカズ・イカマイカ
⑤ センダグ・シェンダグ

ア とんぼ　**イ** 薪　**ウ** 梅雨
エ 洗濯《せんたく》　**オ** 行こう

3 次の場合に、方言を使うならア、共通語を使うならイの記号で答えなさい。

① 同じ出身地の人たちと話す場合。
② テレビやラジオのアナウンサーが放送で話す場合。
③ 地方出身者が帰省して近所の人と話す場合。
④ 入学試験で作文を書く場合。

4 次の文の説明として適切なものをあとから一つずつ選び、記号で答えなさい。

① 東京の人は「ハシ」の「シ」を高く発音すると「橋」の意味になるが、大阪の人は「ハシ」の「シ」を高く発音すると「箸」の意味になる。
② 若い人が使っている言葉が、お年寄りには理解できないことがある。
③ 「朝早く起きる」の「起きる」を「おくる」という方言がある。
④ 大学に入ったばかりの学生を、関東地方では「一年生」、近畿《きんき》地方では「一回生」という。

ア 社会的な原因で言葉が違う例。
イ 文法に関わる例。
ウ 地域によってアクセントが違う例。
エ 新しく生まれた言葉の違いの例。

1	2	3	4
①	①	①	①
②	②	②	②
③	③	③	③
④	④	④	④
⑤	⑤		

ぴたトレ1 要点チェック

銀のしずく降る降る

藤本《ふじもと》 英夫《ひでお》

解答 p.22

1 これまでに習った漢字　読み仮名を書きなさい。

① 神経（　　）　② 適切（　　）　③ 若い（　　）　④ 短編（　　）

⑤ 祖先（　　）　⑥ 暗唱（　　）　⑦ 移住（　　）　⑧ 留守（　　）

⑨ 故郷（　　）　⑩ 成績（　　）　⑪ 合格（　　）　⑫ 担任（　　）

⑬ 痛む（　　）　⑭ 効果（　　）　⑮ 辞退（　　）　⑯ 認める（　　）

⑰ 訪問（　　）　⑱ 値段（　　）　⑲ 難しい（　　）　⑳ 立派（　　）

2 重要語句　正しい意味を下から選び、記号で答えなさい。

①（　　）不振《ふしん》　　ア 状態が変わるきっかけ。

②（　　）転機　　イ とても優《すぐ》れている様子。

③（　　）非凡《ひぼん》　　ウ うまくいかないこと。

3 段落構成　（　）にあてはまる言葉を入れなさい。

●1 ふくろうの神

・知里幸恵《ちりゆきえ》『アイヌ神謡《しんよう》集』…アイヌの叙事《じょじ》詩である（①　　　　）が収められている。

●2 グスベリの頃

・知里幸恵は、今の登別《のぼりべつ》市に生まれたが、家業の不振により、旭川《あさひかわ》の伯母《おば》マツのもとに預けられた。

●3 一つの悩《なや》み

・小学校の頃から成績優秀《ゆうしゅう》で、女子職業学校では副級長や級長に選ばれたが、和人の子どもから仲間はずれにされることがあったため、辞退した。

●4 近文《ちかぶみ》の一夜

・アイヌ語研究のために伯母を訪ねてきた（②　　　　）と出会い、ユーカラのすばらしさに感動し、ユーカラの研究に生涯《しょうがい》をささげることを決意した。

●5 「その昔」

・幸恵は病気で衰弱《すいじゃく》しつつもユーカラの筆録を続けたが、『アイヌ神謡集』の最後の校正を終えると、容態が急変し、九月十八日に亡《な》くなった。

銀のしずく降る降る

タイムトライアル 8分

解答 p.23

1 読解問題 文章を読んで、問いに答えなさい。

教科書286ページ上3行～288ページ上12行

教科書286ページ上3行「ここにあげた……
教科書288ページ上12行……ユーカラがあった。」

(1) 286ページ上4行「知里幸恵《ちりゆきえ》という少女」とありますが、この少女が書いた本の名前を文章から六字で抜き出しなさい。

ヒント 本の内容を説明している部分に注目しよう。

(2) 286ページ下9～10行「アイヌの人たちに古くから伝わってきた叙《じょ》事《じ》詩」とありますが、このような叙事詩を何といいますか。文章から四字で抜き出しなさい。

ヒント 288ページに注目しよう。

(3) 287ページ上3～4行「十九歳《さい》の若さでよくこれだけ書けたもの。」とは、どういうことですか。あてはまるものを次から一つ選び、記号で答えなさい。

ア 訳は適切で、表現も豊かで美しく、若者らしいさわやかな作品だということ。
イ 訳は適切で、表現も豊かで美しいが、若いだけあって、まだ改善の余地があるということ。
ウ 訳は適切で、表現も豊かで美しく、若者が書いたものとは思えないほどすばらしいということ。

ヒント 驚きの声であることを踏《ふ》まえて考えよう。

(　　)

(4) 287ページ上5行『Shirokanipe』の『Shirokani』は、」で始まる段落は、文章の構成として、どのような役割を果たしていますか。あてはまるものを次から一つ選び、記号で答えなさい。

ア 幸恵の表現の実例を挙げて、その適切さやすばらしさを述べる役割。
イ 幸恵の誤りの実例を挙げて、その表現の未熟さを証明する役割。
ウ アイヌ語の実例を挙げて、複雑なアイヌ語の文法を説明する役割。

ヒント 前の段落との関係を考えよう。

(　　)

ぴたトレ 3 確認テスト

銀のしずく降る降る

時間20分　／100点　合格75点

解答 p.23

1 思考・判断・表現　教科書の文章を読んで、問いに答えなさい。　教科書290ページ上5行〜293ページ上16行

●教科書290ページ上5行　「幸恵《ゆきえ》が……

●教科書293ページ上16行……思うのだった。」

(1) 290ページ下19行〜291ページ上1行「幸恵には悩《なや》みがあった」とありますが、どのようなことを悩んでいたのですか。文章から二十五字で探し、初めと終わりの四字ずつを書きなさい。(句読点や記号を含む。)　5点

〜

よく出る (2) 291ページ上5〜6行「喜ばしいはずのことを、ためらうように相談する教え子の心の迷いに胸が痛んだ」とありますが、これについて次の問いに答えなさい。

① 「喜ばしいはずのこと」とはどのようなことですか。簡潔に書きなさい。　10点

② 「胸が痛んだ」とありますが、先生が担任をしていたときにどのようなことがあったからですか。次の□にあてはまる言葉を、文章からaは十四字、bは二十三字で探し、初めと終わりの三字ずつを抜き出しなさい。　各5点

・生徒たちに、アイヌの子であるという理由で[a]、と事前に言い聞かせていたのに、[b]から。

a 〜

b 〜

(3) 291ページ上19行「級友たちに、『静かな人であった』という印象を残している」とありますが、その原因は何ですか。文章から十五字以上二十字以内で二つ探し、初めと終わりの三字ずつを抜き出しなさい。　順不同　各5点

〜

〜

(4) 291ページ下1行「望郷の思い」とは、どのような思いですか。次から一つ選び、記号で答えなさい。　5点

ア 四方が山に囲まれた場所から少しでも早く離《はな》れたい。

イ 海を見渡すことのできた実家がなつかしく思われる。

ウ 山にあこがれていたが、海がないとさびしくなる。

エ 山の景色はすばらしいがもう見あきてつまらない。

(　)

(5) 292ページ上14行「遠来」とは、どのような意味ですか。次から

一つ選び、記号で答えなさい。
ア　遠くへ向かうこと。　イ　遠さを知っていること。
ウ　遠くから来たこと。　エ　遠い縁故であること。
（　）　5点

(6)　292ページ上19行～下1行「お口に合うようなものが何もないんだものなあ」とありますが、そのようになっているのはなぜですか。次の□にあてはまる言葉を、文章から六字で抜き出しなさい。
・□などの影響で、米の値段が高くなったから。
5点

(7)　292ページ下6行「アイヌ語の内輪話」では、どのようなことが話し合われましたか。簡潔に書きなさい。
10点

(8)　292ページ下13行「それ」の指す言葉を文章から十字で抜き出しなさい。
5点

(9)　292ページ下16行「目をみはった」とはどのような意味ですか。次から一つ選び、記号で答えなさい。
ア　注意深く見ること。　イ　目を開いておびえること。
ウ　感心して驚くこと。　エ　目を細めて喜ぶこと。
5点　（　）

(10)　292ページ下16～17行「幸恵には、日本語とアイヌ語の二つの言語生活があったのだ」とありますが、幸恵にはどのようなことができましたか。簡潔に二つ書きなさい。
順不同　各5点

(11)　292ページ下18～19行「日本人の学者が遠くからわざわざユーカラを聞きに来たのを不思議に思った」とありますが、聞きに来た理由は何ですか。次の文の□にあてはまる言葉を、文章からaは二十字、bは十八字で探し、初めと終わりの三字ずつを抜き出しなさい。（句読点を含む。）
・ユーカラは、a　ものであり、b　だから。
各5点
a　～
b　～

よく出る
(12)　293ページ上14行「この少女の決意」とありますが、そのときの気持ちがよく表れている部分を文章から十字で抜き出しなさい。
5点

(13)　293ページ上15行「なんとか彼女を東京に連れていって勉強させたい」とありますが、そのようにするのは何をするためですか。文章から七字で抜き出しなさい。
5点

ぴたトレ 3 確認テスト

蓬萊《ほうらい》の玉の枝と偽《いつわ》りの苦心談——竹取《たけとり》物語——

時間20分

／100点 合格75点

解答 p.23

1 思考・判断・表現　文章を読んで、問いに答えなさい。

教科書296ページ1行〜297ページ11行

「船の行《ゆ》くにまかせて、海に漂《ただよ》ひ《(イ)》て、五百日といふ《(ウ)》①辰《たつ》の時ばかりに、海の中に、はつかに山見ゆ。船のかぢ《(ジ)》をなむ《(ン)》迫《せ》めてⓐ見る。海の上に漂へ《(エ)》る山、②いと大《おほ(オ)》きにてあり。その山のさま、高く③うるはし。『これやわが求むる山ならむ《(ン)》。』と思ひ《(イ)》て、さすがに恐《おそ》ろしく④おぼえて、山のめぐりをさしめぐらして、二、三日ばかり、見歩《あり》くに、天人の⑤よそほひしたる女、山の中よりいで来て、銀《しろかね》の金鋺《かなまる》を持ちて、水をⓑくみ歩く。

これを見て、船より下りて、『この山の名を何とか申す。』と問ふ《(ウ)》。女、答へ《(エ)》ていはく《(ワ)》、『これは、⑥蓬萊の山なり。』と答ふ《(ウ)》。これを聞くに、うれしきことかぎりなし。

⑦その山、見るに、さらに登るべきやう《(ヨウ)》なし。その山のそばひらをⓒめぐれば、世の中になき花の木ども立てり。金《こがね》、銀《しろかね》、瑠璃《るり》色の水、山より流れいでたり。それには、色々《いろいろ》の玉の橋渡《わた》せり。その辺りに照り輝《かかや》く木ども立てり。その中に、この取りて持ちて⑧まうで来たりしは、⑨いとわろかりしかども、『のたまひ《(イ)》しに違《たが》は《(ワ)》ましかば。』と、この花を折りてまうでⓓ来たるなり。」

(1) ══線ⓐ〜ⓓの中から、主語の異なるものを一つ選び、記号で答えなさい。 10点

(2) ──線①「辰の時」とは、何時頃のことですか。現代語訳から抜き出しなさい。 10点

(3) ──線②「いと」、④「おぼえて」とは、どのような意味ですか。現代語訳からそれぞれ抜き出しなさい。 各5点

(4) よく出る ──線③「うるはし」、⑤「よそほひ」、⑧「まうで」を現代仮名遣《づか》いに直し、全て平仮名で書きなさい。 各5点

(5) ──線⑥「蓬萊の山」を見つけるまでにかかった、海に出てからの日数を文章から三字で抜き出しなさい。 10点

(6) ──線⑦「その山」とありますが、そこはどのような様子ですか。次から一つ選び、記号で答えなさい。 10点

ア 普通の物はなく、高価なものばかりが置かれている。

イ いくつもの色があふれているが、いずれもくすんでいる。

ウ 思わず目を疑うような、不思議な光景が広がっている。

エ 動物がいるばかりで、人がいる気配が全くない。

(7) 考える ──線⑨「いとわろかりしかども」は「たいそう見劣りするものでしたが」という意味ですが、何と比べて何が見劣りするということですか。簡単に説明しなさい。 15点

現代語訳

「船の行くのにまかせて、海に漂って、五百日めという日の午前八時頃に、海に、かすかに山が見えます。船のかじを操作して、島に近づいて見ました。海の上に漂っている山は、大変大きいものでした。その山の様子は、高くてうるわしいものでした。『これこそ私が求めている山だろう。』と思って、さすがに恐ろしく思われて、山の周囲を漕《こ》ぎめぐらせて、二、三日ばかり、見て回っていますと、天人の衣装《いしょう》を着た女の人が、山の中から出てきて、銀のおわんを持って、水をくんで歩いています。

　これを見て、（私は）船から下りて、『この山の名を何と申しますか。』と尋《たず》ねました。その女の人は、答えて、『これは、蓬萊の山です。』と言いました。これを聞いて、うれしくてたまりませんでした。

　その山は、見ると、（険しくて）全く登れそうもありません。その山の斜面の裾《すそ》を回ってみると、この世にはない花の木々が立っています。金色、銀色、瑠璃色の水が、山から流れ出ています。その流れには、さまざまな色の玉でできた橋が渡してあります。その辺りに光り輝《かがや》く木々が立っています。その中で、ここに取ってまいりましたのは、たいそう見劣《おと》りするものでしたが、『（かぐや姫が）おっしゃったのと違っていたら（困る）。』と思って、この花を折ってまいったのです。」

「蓬萊の玉の枝と偽りの苦心談――竹取物語――」より

2 ――線のカタカナを漢字で書きなさい。　各5点

① ナンダイを解決する。
② 平安時代のキゾク。
③ ワカモノの集まり。
④ ショクニンになる。

1										2			
(1)	(2)	(3)	(4)				(5)	(6)	(7)	①	②	③	④
			②	③	⑧								
			④	⑤									

ぴたトレ 3 確認テスト

花の詩画集

時間20分
／100点
合格75点

解答 p.24

1 思考・判断・表現

詩を読んで、問いに答えなさい。 教科書298ページ〜299ページ

A

麦の穂《ほ》
となりも
麦の穂
ぶつからず
離《はな》れすぎず
特に高いものもなく
特に低いものもなく
にてるけれど
みんな　ちがう
麦の穂
太陽の弓矢

星野　富弘「麦の穂」〈鈴《すず》の鳴る道〉より

B

筆を噛《か》み砕《くだ》きたい
時がある
槍《やり》のように
突《つ》きたてたい
時もある
さまざまな思いが
風のように過ぎて
花を見ている

星野　富弘「アネモネ」〈花よりも小さく〉より

(1) Aの詩の1行め「麦の穂」をたとえた言葉を詩の中から五字で抜き出しなさい。 10点

(2) Aの詩の6〜7行めの表現について説明した文としてふさわしいものを、次から一つ選び、記号で答えなさい。 10点

ア 似た表現を並べることで、一定のリズムを生み出している。
イ 同じ言葉を繰《く》り返すことで、余韻《よいん》が残る表現になっている。
ウ 他のものにたとえることで、イメージをふくらませている。
エ 語句の順序を逆にすることで、印象的な表現になっている。

(3) Aの詩で麦の様子として最適なものを次から一つ選び、記号で答えなさい。 15点

ア 全く同じものがないうえに、たいへん乱れている様子。
イ 同じような様子で、間をあけながら並んでいる様子。
ウ 全て同じ形で、どこまでも一列に続いている様子。
エ 短く切られたままで、風に揺《ゆ》られ続けている様子

(4) Aの詩で作者の視点はどこに向けられていますか。次から一つ選び、記号で答えなさい。 15点

ア 一本一本ちがう麦の穂が整然と並んだ麦畑全体。
イ 同じように並ぶ麦の穂一本一本のわずかな違い。
ウ 太陽の光を浴びて美しく輝《かがや》く麦の穂の先端。
エ 真夏の太陽の光を浴びて美しく輝く弓矢。

よく出る

(5) Bの詩の1~2行めの「筆を噛み砕きたい／時」とは、どのような時ですか。次から一つ選び、記号で答えなさい。 10点

ア 元気いっぱいで力がみなぎる時。
イ 悲しくて絶望している時。
ウ くやしさや怒《いか》りでいきどおる時。
エ 希望にあふれ満ち足りている時。

(6) Bの詩の3~5行め「槍のように／突きたてたい／時もある」について、次の問いに答えなさい。

① 何を突きたてたいのですか。Bの詩から一字で抜き出しなさい。 10点

② 「槍のように／突きたてたい／時」とは、どのような時ですか。次から一つ選び、記号で答えなさい。 15点

ア スポーツをして汗《あせ》をかきたいような時。
イ 物事がうまくいかずに投げ出したいような時。
ウ 自分の主張を通したくてうずうずしている時。
エ 人に反発して攻撃《こうげき》的になっている時。

考える

(7) Bの詩の6~8行め「さまざまな思いが／風のように過ぎて／花を見ている」とありますが、その時の気持ちを考えて書きなさい。 15点

1

(7)	(6) ②	(6) ①	(5)	(4)	(3)	(2)	(1)

ぴたトレ 3 確認テスト

デューク

時間20分 ／50点 合格40点

解答 p.25

1 思考・判断・表現 文章を読んで、問いに答えなさい。

教科書303ページ上1行〜上18行

地下鉄に乗って、私たちは銀座《ぎんざ》に出た。今度は私が、"①いいところ"を教えてあげる番だった。裏通りを十五分も歩くと、小さな美術館がある。目だたないけれど②こぢんまりとした、いい美術館だった。私たちはそこで、まず中世イタリアの宗教画を見た。それから、古いインドの細密画を見た。一枚一枚、丹念《たんねん》に見た。

「これ、好きだなあ。」

少年がそう言ったのは、くすんだ緑色の、象と木ばかりをモチーフにした細密画だった。

「古代インドはいつも初夏だったような気がする。」

「③ロマンチストなのね。」

私が言うと、少年は照れたように笑った。

美術館を出て、私たちは落語を聴《き》きに行った。たまたま演芸場の前を通って、少年が落語を好きだと言ったからなのだが、いざ中に入ると、④私はだんだん憂鬱《ゆううつ》になってしまった。

デュークも、落語が好きだったのだ。夜中に目が覚めて下におりた時、消したはずのテレビがついていて、デュークがちょこんと座《すわ》って落語を見ていた。父も、母も、妹も信じなかったけれど、本当に見ていたのだ。

江國 香織「デューク」〈つめたいよるに〉より

よく出る

(1) ——線①「いいところ」とは、どこですか。文章から六字で抜き出しなさい。 10点

(2) ——線②「こぢんまりとした」の意味を次から一つ選び、記号で答えなさい。 10点

ア 小さくてまとまっている。　イ 地味で貧しそうな。

ウ はでで人目をひく。　エ 大きく盛大な。

(3) ——線③「ロマンチストなのね」とありますが、「私」はなぜそう思ったのですか。あてはまるものを次から一つ選び、記号で答えなさい。 10点

ア 絵を見た少年の感想が空想的で素敵《すてき》だったから。

イ 「私」に好意を寄せる少年の行動がかわいかったから。

ウ 真剣に絵を見る少年に絵に対する情熱を感じたから。

考える

(4) ——線④「私はだんだん憂鬱になってしまった」とありますが、そのようになったのはなぜですか。簡潔に説明しなさい。 20点

1			
(1)	(2)	(3)	(4)

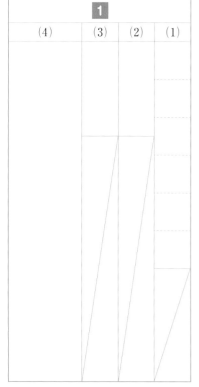

今取り組めば
テストに役立つ！

＼＼ 定期テスト ／／
予想問題

チェック！

- テスト本番を意識して，時間を計ってチャレンジしよう！
- 間違えたところは「ぴたトレ1～3」を確認しよう！

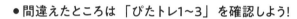

定期テスト
予想問題
1

桜蝶《さくらちょう》

文章を読んで、問いに答えなさい。

時間15分
／100点
合格75点
解答 p.25

A

「①何やってるの？」

白石《しらいし》さんが尋《たず》ねると、倉橋《くらはし》君は振《ふ》り返ってこう言った。

「桜蝶の旅立ちを見守ってて。」

そして、②倉橋君はこんな話をし始めた。

「春が来ると南から北へ、桜の木に留まりながら旅をする蝶がいて。それが、桜蝶っていう蝶で。この蝶がやってくると桜が一斉《いっせい》に咲《さ》き始めるから、桜の開花を告げる蝶だとも言われててね。僕《ぼく》はここで偶然《ぐうぜん》見つけて③毎日観察してたんだけど、そろそろ次の目的地に向かって飛び立つ気配を見せてるんだ。」

B

「桜蝶の旅立ちを見守ってて。」

首をかしげる白石さんに、僕は桜蝶のことを教えてあげる。

僕が親の転勤でこの町にやってきたのは、春先のことだった。生まれ育った故郷を離《はな》れるのは寂《さび》しくて、特に友達との別れは本当につらかった。

そんな折、僕はこの公園で偶然にも桜蝶を見つけた。桜蝶――それは春が来ると南から北へと桜の木に留まりながら旅する蝶だ。この蝶がやってくると桜が一斉に咲き始めるので、桜の開花を告げる蝶だとも言われている……そう教えてくれたのは、故郷にいる親友だった。

僕は蝶を発見したその日から、公園へと毎日通った。そして、南の町から来た自分の境遇《きょうぐう》を桜蝶に重ねては、勝手に④孤独《こどく》を分け合ってきた。

田丸 雅智「桜蝶」より

(1) ――線①「何やってるの？」とありますが、このときの白石さんはどのような様子でしたか。簡単に説明しなさい。 25点

(2) ――線②「倉橋君はこんな話をし始めた」とありますが、倉橋君が話していないことを次から一つ選び、記号で答えなさい。 25点

ア 桜蝶という蝶がいること。
イ 桜蝶のことを親友に教えてもらったこと。
ウ 桜蝶が今にも旅立ちそうであること。

(3) ――線③「毎日観察してたんだけど」とありますが、倉橋君が桜蝶を毎日観察していたのは、桜蝶をどのようなものとしてとらえていたからですか。簡単に説明しなさい。 25点

(4) ――線④「孤独」とありますが、倉橋君はなぜ孤独を感じているのですか。簡単に説明しなさい。 25点

(1)	(3)	(4)
(2)		

定期テスト予想問題 2

自分の脳を知っていますか

文章を読んで、問いに答えなさい。

時間15分

／100点

合格75点

解答 p.26

脳は、必ずしも合理的に物事を判断しているのではありません。同じ選択《せんたく》でも、状況《じょうきょう》によって判断が変わります。本人は論理的に考えているつもりかもしれませんが、知らず知らずのうちに判断の方法が変わり、非合理的な決断に陥《おちい》ってしまうことがあるのです。

どうして①このような奇妙《きみょう》な癖《くせ》があるのでしょうか。

②野生の動物を想像してください。例えば、天敵のライオンに狙《ねら》われているシマウマが、どの方角に逃《に》げるべきかをじっくりと考えていたら、その間に命を落としてしまうかもしれません。すばやく要素をしぼり、限られた要素からすばやく正確な判断ができる動物こそが、無事に生き残ることができます。

このことからも、③判断をすばやく行うための効率化を進めた結果、脳に奇妙な癖ができたと考えられます。

すばやい判断のための直感は、長年の経験に基づいています。幼児は要素をうまくしぼることができないために、判断に時間がかかったり、判断をまちがえたりしがちですが、成長の過程で多くの経験を通じて、不要な要素をすばやく取り除くことができるようになります。④よけいなことに気を配る手間が省かれ、効率よく生きられるようになります。これが直感のもたらす最大の恩恵《おんけい》です。

池谷 裕二「自分の脳を知っていますか」より

(1) ——線①「このような奇妙な癖」とはどのような癖ですか。簡単に説明しなさい。 25点

(2) ——線②「野生の動物」の例は、どのようなことを表していますか。あてはまるものを次から一つ選び、記号で答えなさい。 25点

ア いつもじっくり考えて判断していては生き残ることができない。

イ 非合理的な判断によって危機的な状況に陥ることがある。

ウ 常に合理的な判断ができるように、日々の努力が必要だ。

(3) ——線③「判断をすばやく行うための効率化」とは、どういうことですか。簡単に説明しなさい。 25点

(4) ——線④「よけいなことに……効率よく生きられる」とありますが、このことを筆者はどのように言いかえていますか。文章から十二字で探し、初めの五字を抜き出しなさい。 25点

(1)	(2)	(3)	(4)

定期テスト予想問題 3

ベンチ

文章を読んで、問いに答えなさい。

①急に、ヘルガが立ち上がった。そして僕《ぼく》の腕《うで》に手をかけると、引っぱっていった。

いくらも行かないうちに、②黄色のベンチのところに来た。《ユダヤ人専用》って書いてあるベンチさ。

ヘルガはそのベンチの前に立ち止まると、僕にきいたんだ。『このほうが落ち着いてかけていらっしゃれるの？』って。

僕はぎくりとした。『どうしてわかったんだい？』

すると、ヘルガは、その黄色いベンチに腰《こし》を下ろしたんだ！ そして、『そう思ったの！』と言った。なんでもないことのように、③さらりと言ったんだ！

だけど、彼女《かのじょ》と一緒《いっしょ》にユダヤ人用のベンチに座《すわ》ることなどできやしないだろ。僕は慌《あわ》ててヘルガを引っぱって立たせると、家に送っていった。せっかくの日曜日だったのに！ 残念で残念で、大声をあげて泣きたかった。そのまま腕を組んで散歩を続けて、話し合うこともできたのかもしれないけど、④僕はもうすっかり気が転倒《てんとう》してしまっていたんだ。

ハンス＝ペーター＝リヒター／上田 真而子訳「ベンチ」〈あのころはフリードリヒがいた〉より

時間10分

／100点

合格75点

解答 p.26

(1) ――線①「急に、ヘルガが立ち上がった」とありますが、なぜですか。次から一つ選び、記号で答えなさい。 25点

ア「僕」が何をしたがっているのかわからなくなったから。

イ「僕」を誰《だれ》にも見られない場所に連れて行きたかったから。

ウ「僕」が何も話そうとしないので、大変心配になったから。

エ「僕」が安心できるようにしてあげようと思ったから。

(2) ――線②「黄色のベンチ」とはどのようなベンチですか。文章から九字で抜き出しなさい。 25点

(3) ――線③「さらりと言ったんだ」とありますが、ヘルガがそのように言ったのはなぜですか。考えて書きなさい。 25点

(4) ――線④「僕はもうすっかり気が転倒してしまっていたんだ」とありますが、「気が転倒して」いたときの行動がわかる一文を文章から探し、初めの五字を抜き出しなさい。 25点

(1)	(2)	(3)	(4)

定期テスト予想問題 4

森には魔法つかいがいる

文章を読んで、問いに答えなさい。

時間15分
／100点
合格75点
解答 p.27

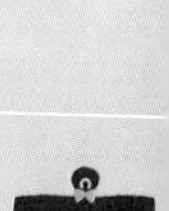

一九六二（昭和三十七）年、水産高校を卒業した私は、実家のカキ養殖《ようしょく》業を継《つ》いで、漁師になっていました。きれいな海を取り戻《もど》すにはどうしたらいいのだろう。——仲間たちと話し合っていて思い出したのは、中学生の時に聞いた〝森には魔法《まほう》つかいがいる〟という今井《いまい》先生の言葉です。

①私は、はっとしました。今まで海のほうばかり向いて考えていましたが、森を見なければいけないのではないかと気がついたのです。そこで、気仙沼《けせんぬま》湾に注ぐ大川《おおかわ》の河口から上流に向かって歩いてみました。

やはり山が荒《あ》れていました。山には、手入れのされていない杉林《すぎばやし》が広がっています。間伐《かんばつ》されない杉林には日の光が入らず、下草が生えていません。②そのようなところには虫や鳥もいません。土はぱさぱさに乾《かわ》いています。大雨が降るとたちまち海に泥水《どろみず》が流れてくるのは、このためだと③わかりました。

水田地帯に行ってみると、しいんとしています。生き物の気配が感じられません。レイチェル＝カーソンが書いた『沈黙《ちんもく》の春』という本を思い出しました。農薬や除草剤《ざい》を大量に使うようになった農地から生き物が姿を消し、静かになってしまったというストーリーです。

私はそこで、川の流域に暮らしている人たちと、海で仕事をする漁師たちとの間で、「④森と川と海は一つなのだ。」という価値観を共有しなければならないと思いました。

畠山 重篤「森には魔法つかいがいる」より

(1) ——線①「私は、はっとしました」とありますが、なぜですか。簡単に説明しなさい。 25点

(2) ——線②「そのようなところ」として、あてはまらないものを次から一つ選び、記号で答えなさい。 25点

ア 手入れされず、日の光が入らない杉林。
イ 下草が生えていない杉林。
ウ 大雨で泥水が流れ込《こ》む杉林。

(3) ——線③「わかりました」とありますが、何がわかったのですか。説明しなさい。 25点

(4) ——線④「森と川と海は一つなのだ」とは、どういうことですか。説明しなさい。 25点

(1)	(2)	(3)	(4)

定期テスト 予想問題 5

物語の始まり——竹取《たけとり》物語——

文章を読んで、問いに答えなさい。

時間15分

／100点 合格75点

解答 p.27

大空より、人、雲に乗りて下り来て、土より五尺ばかり上がりたるほどにⓐ立ち連ねたり。これをⓑ見て、内外《うちと》なる人の心ども、ものに①おそはるるやうにて、あひ戦はむ心もなかりけり。

現代語訳

大空から、人が、雲に乗って下りてきて、地面から五尺ほど上の辺りに立ち並んだ。これを見て、（家の）内や外にいる人たちの心は、何かに襲《おそ》われたようになって、対戦しようという気持ちもなくなった。

ふと天《あま》の羽衣《はごろも》ⓒうち着せたてまつりつれば、翁《おきな》を、②「いとほし、かなし。」と思《おぼ》しつることも失《う》せぬ。この衣《きぬ》着つる人は、③もの思ひなくなりにければ、車にⓓ乗りて、百人ばかり天人《てんにん》④具して、昇《のぼ》りぬ。

現代語訳

天人《てんにん》がかぐや姫《ひめ》にさっと天の羽衣を着せてさしあげると、翁を、「気の毒だ、いたわしい。」とお思いになっていたこともなくなった。この天の羽衣を着た人は、もの思いが消えてしまうので、そのまま（飛ぶ）車に乗って、百人ほどの天人を引き連れて、（天に）昇っていった。

「物語の始まり——竹取物語——」より

(1) ＝線ⓐ〜ⓓのうち、かぐや姫の行動を一つ選び、記号で答えなさい。 15点

(2) ―線①「おそはるるやうにて」、③「もの思ひ」を現代仮名遣《づか》いに直して、全て平仮名で書きなさい。 各15点

(3) ―線②「いとほし」、④「具して」の意味を表している言葉を、現代語訳の中からそれぞれ抜き出しなさい。 各15点

(4) 〜〜線「あひ戦はむ心もなかりけり」とありますが、なぜ対戦しようという気持ちがなくなったのですか。考えて書きなさい。 25点

(1)	(2)		(3)		(4)
	①	③	②	④	

定期テスト予想問題 6

故事成語——中国の名言——

文章を読んで、問いに答えなさい。

助長

宋人《そうひと》に　その　苗《なへ》の　長《ちやう》ぜざるを　①うれへ、これを　②ぬく　者あり。芒芒然《ばうばうぜん》として　帰《かへ》り、その　人に　いひて　③いはく、「今日《こんにち》　病《つか》れたり。予《われ》　苗を　助けて　長ぜしむ。」と。その　子　はしりて　往《ゆ》きて　これを　視《み》れば、苗　則《すなは》ち　かれたり。

現代語訳

宋の国の人で自分の畑の苗が伸《の》びないことを心配して、苗を引っぱり上げる者がいた。
すっかり疲《つか》れはてて家に帰って、家族に、「今日は疲れたよ。わしは苗を助けて伸ばしてやったのだ。」と言った。
その息子《むすこ》が走って畑に行って見てみると、苗はもう枯《か》れていた。

「故事成語——中国の名言——」より

(1) ——線①「うれへ」、③「いはく」を現代仮名遣《づか》いに直して、全て平仮名で書きなさい。 各10点

(2) ——線②「ぬく」について、答えなさい。

① 「ぬく」はここでは「引っぱり上げる」という意味ですが、なぜ苗を引っぱり上げたのですか。説明しなさい。 30点

② 苗を引っぱり上げた結果、どうなりましたか。簡潔に書きなさい。 25点

(3) この話から生まれた「助長」という言葉の意味を次から一つ選び、記号で答えなさい。 25点

ア 余計なものを付け足すこと。
イ ある傾向《けいこう》が強くなるように働きかけること。
ウ わずかな違いはあるが、本質的には同じであること。

時間15分

／100点

合格75点

解答 p.27

(1)		(2)		(3)
①	③	①	②	

定期テスト
予想問題
7

蜘蛛《くも》の糸

文章を読んで、問いに答えなさい。

時間15分

／100点

合格75点

解答 p.28

　こちらは①地獄《じごく》の底の血の池で、他の罪人と一緒《いっしょ》に、浮《う》いたり沈《しず》んだりしていた犍陀多《かんだた》でございます。なにしろどちらを見ても、真っ暗で、たまにその暗闇《くらやみ》からぼんやり浮《う》き上がっているものがあると思いますと、それは恐ろしい針の山の針が光るのでございますから、②その心細さといったらございません。そのうえ辺りは墓の中のようにしんと静まり返って、たまに聞こえるものといっては、ただ罪人がつくかすかなため息ばかりでございます。これはここへ落ちてくるほどの人間は、もうさまざまな地獄の責め苦に疲れはてて、泣き声を出す力さえなくなっているのでございましょう。ですからさすが大どろぼうの犍陀多も、やはり血の池の血にむせびながら、③まるで死にかかった蛙《かえる》のように、ただもがいてばかりおりました。

　ところがある時のことでございます。なにげなく犍陀多が頭を上げて、血の池の空を眺めますと、そのひっそりとした闇の中を、遠い遠い天上から、銀色の蜘蛛《くも》の糸が、まるで人目にかかるのを恐れるように、一筋細く光りながら、するすると自分の上へ垂れてまいるではございませんか。犍陀多はこれを見ると、④思わず手を打って喜びました。この糸にすがりついて、どこまでも上っていけば、きっと地獄から抜け出せるのに相違ございません。いや、うまくいくと、極楽《ごくらく》へ入ることさえもできましょう。そうすれば、もう針の山へ追い上げられることもなくなれば、血の池に沈められることもあるはずはございません。

芥川龍之介「蜘蛛の糸」〈芥川龍之介全集　第二巻〉より

(1)　――線①「地獄」の様子についてあてはまるものを次から全て選び、記号で答えなさい。　完答25点

ア　真っ暗で何も見えない。　**イ**　静まり返っている。

ウ　恐ろしい針の山がある。　**エ**　罪人がむせび泣いている。

(2)　――線②「その心細さといったらございません」とはどんな意味ですか。次から一つ選び、記号で答えなさい。　20点

ア　それほど心細くない。　**イ**　この上なく心細い。

ウ　全く心細くない。　**エ**　少しだけ心細い。

(3)　――線③「まるで死にかかった蛙のように」とは、何を例えたものですか。次の□にあてはまるように、文章からaは九字、bは十六字で探し、それぞれ初めの五字を抜き出しなさい。　各15点

・[a]が[b]ている様子。

(4)　――線④「思わず手を打って喜びました」とありますが、なぜですか。簡単に説明しなさい。　25点

(1)	(2)	(3) a	(3) b	(4)

定期テスト予想問題 8

オツベルと象

文章を読んで、問いに答えなさい。

時間15分　／100点　合格75点

解答 p.28

次の日、ブリキの大きな時計と、やくざな紙の靴《くつ》とは破け、象は鎖《くさり》と分銅だけで、大喜びで歩いておった。

「すまないが税金も高いから、今日はすこうし、川から水をくんでくれ。」オツベルは両手を後ろで組んで、①顔をしかめて象に言う。

「ああ、僕水をくんでこよう。もう何杯《ばい》でもくんでやるよ。」

象は目を細くして喜んで、その昼過ぎに五十だけ、川から水をくんできた。そして菜っ葉の畑にかけた。

夕方象は小屋にいて、A十把《ぱ》のわらを食べながら、西の三日の月を見て、

「②ああ、稼《かせ》ぐのは愉快《ゆかい》だねえ、さっぱりするねえ。」と言っていた。

「すまないが税金がまた上がる。今日はすこうし、森から薪《たきぎ》を運んでくれ。」オツベルは房《ふさ》のついた赤い帽子《ぼうし》をかぶり、両手をかくしに突っ込《こ》んで、次の日象にそう言った。

「ああ、僕薪を持ってこよう。いい天気だねえ。僕はぜんたい森へ行くのは大好きなんだ。」象は笑ってこう言った。

オツベルは少しぎょっとして、パイプを手から危なく落としそうにしたが、もうその時は、象がいかにも愉快なふうで、ゆっくり歩きだしたので、③また安心してパイプをくわえ、小さなせきを一つして、百姓《ひゃくしょう》どもの仕事のほうを見に行った。

その昼過ぎの半日に、象は九百把薪を運び、目を細くして喜んだ。

晩方象は小屋にいて、B八把のわらを食べながら、西の四日の月を見て、

「ああ、せいせいした。サンタマリア。」と、こう独り言したそうだ。

宮沢　賢治「オツベルと象」〈新校本　宮澤賢治全集　第十二巻〉より

(1)　――線①「顔をしかめて」とありますが、オツベルがそのようにしたのはなぜですか。次から一つ選び、記号で答えなさい。　25点

ア　象が十分には働いていないことを教えてやるため。

イ　象のことがとても心配で仕方ないことを示すため。

ウ　象に手伝ってもらわないと困ることを伝えるため。

(2)　――線②「ああ、稼ぐのは愉快だねえ」とありますが、この時の象の様子を次から一つ選び、記号で答えなさい。　25点

ア　オツベルの考えに気づかずに、心から楽しんでいる。

イ　オツベルの思いを知り、仕事が好きになってきている。

ウ　オツベルに悟られないよう嫌《いや》な気分をごまかしている。

(3)　――線③「また安心して」とありますが、なぜ安心したのですか。考えて書きなさい。　25点

(4)　～～線A・Bから、オツベルは象をどのようにしようと考えていることがわかりますか。考えて書きなさい。　25点

(1)	(3)	(4)
(2)		

定期テスト
予想問題
9

子どもの権利

文章を読んで、問いに答えなさい。

時間15分

／100点
合格75点

解答
p.29

　人はみな、人種や民族、性別などによる外見の違いがあります。生まれた国によって話す言葉も置かれた状況《じょうきょう》も異なります。同じ国の中でも育つ家庭環境《かんきょう》はさまざまです。そうしたそれぞれ違いのある一人一人が集まって①社会を作っています。その違いを認め合い、意見が異なるときも、対話によって解決し、自分と違う立場にいる人の気持ちや心の痛みを想像するといった、②日常の生活の中での努力が平和な社会を築くことにつながります。

　しかし、どれだけの大人、子どもがこの子どもの権利条約を知っているでしょうか。大人の中には、子どもに権利なんて教えると大人の言うことを聞かなくなる、自己中心的で権利主張ばかりするわがままな人間になると心配する人もいます。しかし、子どもの権利条約では、子どもの教育の目的を、子どもが人権を尊重し、他者への理解、平和や寛容《かんよう》、男女の平等を学び身につけ、責任ある大人になるための準備にあると定めています。③子どもが人権を学ぶことは、自分を含《ふく》む全ての人の命の尊さと平等を学ぶことであり、自分を大切にすると同時に、他人を思いやり、平和な社会を築くために必要なのです。

大谷 美紀子「子どもの権利」より

(1) ——線①「社会」は、どのように作られていると述べられていますか。簡単に説明しなさい。 25点

(2) ——線②「日常の生活の中での努力」の例として挙げられていることを三つ書きなさい。 各15点

(3) ——線③「子どもが人権を学ぶこと」について、筆者はどのように考えていますか。次の□にあてはまるように、文章からaは七字、b・cは五字で抜き出しなさい。 各10点

・子どもが人権を学ぶことは、全ての人の a を学ぶことであり、人権を学んでも b でわがままな人間にはならないし、むしろ c を築くために必要なことである。

(1)

(2)

(3) a b c

定期テスト予想問題 10

言葉がつなぐ世界遺産

文章を読んで、問いに答えなさい。

時間15分

／100点

合格75点

解答 p.29

書き記された情報に従えば、完全に元どおりのものを描《えが》くことができるという。その指示が、職人にとっては何よりも頼《たよ》りになる修復の手がかりなのだ。

「例えば、色の境目をぼかしながらグレーから白に徐々《じょじょ》に変えていくというような技法がありますが、そうした技法で描かれていることを、ここに書きこんでいきます。絵の具を何度も塗《ぬ》り重ねて盛り上げ、立体感を出す①置き上げという技法などもそうです。この絵だけですと、平面的な彩色《さいしき》なのか、置き上げなのかわからないわけです。ですから、これは立体的な模様だということを、情報として書きこまなくてはならないのです。」

先人から私たちへ、そして私たちから未来へと受け渡していくために、②言葉による情報が欠かせないのだと、浅尾《あさお》さんは語ってくれた。

③木造の社寺建築では、建物そのものの修復保全は容易なことではない。それにもまして難しいのが、建物の装飾《そうしょく》を修復しながら後世に伝えていくことである。日光では創建当時から修復のたびに、職人たちが、彫刻《ちょうこく》そのものとその技法を一枚一枚の見取り図に記録し続けてきた。今、保存されているのは明治期以降に描かれた数千枚であるという。これが、まさに「④修復記録の蓄積《ちくせき》」なのである。

橋本　典明「言葉がつなぐ世界遺産」

〈『NHKスペシャル　日本の世界遺産　秘められた知恵と力』の一部を書き改めたもの〉より

(1) ――線①「置き上げ」とありますが、どのようなものを描く技法ですか。次から一つ選び、記号で答えなさい。 20点

ア 平面的な彩色　**イ** 立体的な模様

ウ たくさんの情報　**エ** 色のぼかし

(2) ――線②「言葉による情報が欠かせない」とありますが、それはなぜですか。簡単に説明しなさい。 20点

(3) ――線③「木造の社寺建築」で難しいのはどのようなことですか。二つ書きなさい。 各20点

(4) ――線④「修復記録の蓄積」とありますが、日光では、どのように行われてきましたか。それがわかる一文を探し、初めの五字を抜き出しなさい。 20点

(1)	(2)	(3)	(4)

定期テスト
予想問題
11

地域から世界へ──ものづくりで未来を変える──

文章を読んで、問いに答えなさい。

時間15分
／100点
合格75点

解答 p.29

はさみの多くは縫製《ほうせい》に使われますが、一九〇〇年代の終わり、平成になった頃から日本の縫製工場がアジアなど海外に移転して、一気に国内の需要《じゅよう》がなくなり、価格が下がり始めました。同時に海外製で安価なはさみが出回り、①その安さに対抗《たいこう》しようとますます安くするという悪循環《じゅんかん》に陥っていました。

そのような時、小林《こばやし》さんは、地元の問屋の組合から、売れるような新しいはさみのデザインを頼まれました。ところが、地元の伝統的な工芸品についてよく知らないことに気づき、職人のところに連れていってもらいました。そこで、製品としてはこれ以上進歩のしようがないくらい、美しく切れ味のよい刃物《はもの》が既《すで》に造られていることと、職人の高齢《こうれい》化と後継《こうけい》者がいない現実を知りました。

「いいものは高くても売れるということに気づかないといけない。」

「この地域で、こんなにすばらしい刃物をいろいろ造っていることが、②もっと多くの人に見えるようにしよう。」

小林さんはこう思い、それまで鎌《かま》や包丁といった日用で使う刃物と一緒に売っていたはさみを、他の製品と区別することにしました。産地を代表する十種類のはさみなどを一括《いっかつ》して播州《ばんしゅう》の刃物であるという商標をつけ、包装する箱も一新しました。そして、裁ちばさみには布など、商品と切る対象物の写真を一対一で組み合わせたデザインのカタログやホームページを作り、東京の展示会に使いました。また、今ある握りばさみに色をつけて新しさを出すなど、製品にも工夫を施《ほどこ》しました。すると、日本だけでなく海外の人の目をひくこととなり、パリでの展示、アムステルダムでの出店へとつながりました。言葉だけではなく、他の刃物との違いを視覚的に表すことで、商品のよさが伝わったのです。

関根 由子「地域から世界へ――ものづくりで未来を変える――」より

(1) ──線①「その安さに対抗しようとますます安くするという悪循環に陥っていました」について、答えなさい。

① はさみはなぜ安くなっていましたか。理由を二つ答えなさい。 各25点

② はさみの価格が下がっている状況《じょうきょう》に対して、小林さんはどう思いましたか。文章から十二字で抜き出しなさい。 25点

(2) ──線②「もっと多くの人に見えるようにしよう」とありますが、小林さんは商品のよさを伝えるために、どのような工夫をしましたか。二十字以内で説明しなさい。 25点

(1)
①
②
(2)

定期テスト予想問題 12

少年の日の思い出

文章を読んで、問いに答えなさい。

時間15分　／100点　合格75点

解答 p.30

チョウを右手に隠して、僕は階段を下りた。その時だ。下の方から誰か僕の方に上がってくるのが聞こえた。①その瞬間《しゅんかん》に僕の良心は目覚めた。僕は突然、自分は盗みをした、下劣《げれつ》なやつだということを悟った。同時に、見つかりはしないかという恐ろしい不安に襲《おそ》われて、僕は本能的に、②獲物《えもの》を隠していた手を、上着のポケットに突っ込んだ。ゆっくりと僕は歩き続けたが、大それた恥ずべきことをしたという、冷たい気持ちに震《ふる》えていた。上がってきたお手伝いさんと、びくびくしながらすれ違ってから、僕は胸をどきどきさせ、額に汗《あせ》をかき、落ち着きを失い、自分自身におびえながら、家の入り口に立ち止まった。

すぐに僕は、このチョウを持っていることはできない、持っていてはならない、③もとに返して、できるならなにごともなかったようにしておかねばならない、と悟った。そこで、人に出くわして見つかりはしないか、ということを極度に恐れながらも、急いで引き返し、階段を駆《か》け上がり、一分の後にはまたエーミールの部屋の中に立っていた。僕はポケットから手を出し、チョウを机の上に置いた。それをよく見ないうちに、④僕はもうどんな不幸が起こったかということを知った。そして泣かんばかりだった。ヤママユガは潰《つぶ》れてしまったのだ。前羽が一つと触角《しょっかく》が一本なくなっていた。ちぎれた羽を用心深くポケットから引き出そうとすると、羽はばらばらになっていて、繕《つくろ》うことなんか、もう思いもよらなかった。

〈ヘルマン＝ヘッセ／高橋 健二訳「少年の日の思い出」〈ヘッセ全集2 車輪の下〉より

(1) ——線①「その瞬間に僕の良心は目覚めた」とありますが、その時抱《いだ》いた「僕」の気持ちを文章の言葉を用いて二つ書きなさい。　各20点

(2) ——線②「獲物」とは、何のことですか。文章から五字で抜き出しなさい。　15点

(3) ——線③「もとに返して、できるならなにごともなかったようにしておかねばならない」とありますが、そのように思ったのはどのような気持ちからですか。適当ではないものを次から一つ選び、記号で答えなさい。　20点

ア 自分がやってしまったことについて、おびえている気持ち。
イ 自分がとった行動を恥ずかしいことだと思っている気持ち。
ウ 自分がしたことにできるだけの償《つぐな》いをしたいと願う気持ち。
エ 自分がしてしまったことを隠しておきたいと思う気持ち。

(4) ——線④「僕はもうどんな不幸が起こったかということを知った」とありますが、「不幸」とはどのようなことですか。簡潔に書きなさい。　25点

(1)	(2)	(3)	(4)

定期テスト
予想問題
13

銀のしずく降る降る

文章を読んで、問いに答えなさい。

時間15分

／100点

合格75点

解答 p.31

● 教科書292ページ下12行「一夜明けると……

● 教科書295ページ下4行……海が見える。」

(1) 292ページ下16行「目をみはった」とありますが、何に目をみはったのですか。二つ書きなさい。 各15点

(2) 293ページ上4行「率直《そっちょく》な質問」とありますが、幸恵《ゆきえ》はどのような質問をしたのですか。文章から一文で探し、初めの五字を抜き出しなさい。(記号を含む) 10点

(3) 293ページ上6～7行『イリアス』『オデュッセイア』は何の例として挙げられていますか。あてはまるものを次から一つ選び、記号で答えなさい。 10点

ア 文字があったからこそ、現代まで残っている叙事《じょじ》詩の例。

イ 文字が生まれる前の叙事詩が現在まで姿を伝えている例。

ウ ヨーロッパ文学が、文字の発明によって発展したことの例。

エ 叙事詩が、民族の歴史であると同時に文学であることの例。

(4) 293ページ上13行「ユーカラの研究」とありますが、幸恵のユーカラ研究における業績は何ですか。簡単に説明しなさい。 15点

(5) 293ページ下1行「そういう願い」とありますが、金田一《きんだいち》はどういう願いをもっていましたか。簡単に書きなさい。 20点

(6) 294ページ下6行「九月十八日の夜だった」とありますが、この日に何が起きましたか。簡単に書きなさい。 15点

(1)	(2)	(3)	(4)	(5)	(6)

定期テスト予想問題 14

蓬萊の玉の枝と偽りの苦心談――竹取物語――

文章を読んで、問いに答えなさい。

時間15分

／100点

合格75点

解答 p.31

「船の行《ゆ》くにまかせて、海に漂《ただよ》ひて、五百日といふ辰《たつ》の時ばかりに、海の中に、はつかに山①見ゆ。船のⓐかぢをなむ迫《せ》めて見る。海の上に漂へる山、いと大《おほ》きにてあり。その山のさま、高くうるはし。『これやわが求むる山ならむ。』と思ひて、さすがに恐《おそ》ろしくおぼえて、山のめぐりをさしめぐらして、二、三日ばかり、見歩《あり》くに、天人《てんにん》のよそほひしたる女、山の中よりいで来て、銀《しろかね》の金鋺《かなまる》を持ちて、水をくみ歩く。

②これを見て、船より下りて、『この山の名を何とか申す。』と問ふ。女、答へてⓑいはく、『これは、蓬萊の山なり。』と答ふ。これを聞くに、うれしきことかぎりなし。

その山、見るに、③さらに登るべきやうなし。その山のそばひらをめぐれば、世の中になき花の木ども立てり。金《こがね》、銀《しろかね》、瑠璃《るり》色の水、山より流れいでたり。それには、色々《いろいろ》の玉の橋渡《わた》せり。その辺りに照り輝《かかや》く木ども立てり。その中に、この取りて持ちてまうで来たりしは、いとわろかりしかども、『ⓒのたまひしに違《たが》はましかば。』と、④この花を折りてまうで来たるなり。」

「蓬萊の玉の枝と偽りの苦心談――竹取物語――」より

(1) ――線ⓐ「かぢ」、ⓑ「いはく」、ⓒ「のたまひ」を現代仮名遣《づか》いに直し、全て平仮名で書きなさい。　各5点

(2) ――線①「見ゆ」とは、どのような意味ですか。文章の内容に合うように、考えて書きなさい。　10点

(3) ――線②「これ」とは、何を指していますか。簡単に説明しなさい。　25点

(4) ――線③「さらに登るべきやうなし」とはどういう意味ですか。次から一つ選び、記号で答えなさい。　25点

ア もっと上に登りたい　**イ** 登る用事がない

ウ 全く登れそうもない

(5) ――線④「この花を折りてまうで来たるなり」とありますが、なぜ「この花」を持ってきたのですか。簡単に書きなさい。　25点

(1)	(2)	(3)	(4)	(5)
ⓐ　ⓑ　ⓒ				

定期テスト
予想問題
15

デューク

文章を読んで、問いに答えなさい。

時間15分
／100点
合格75点

解答
p.32

デュークが死んで、悲しくて、悲しくて、息もできないほどだったのに、知らない男の子とお茶を飲んで、プールに行って、散歩をして、美術館を見て、落語を聴《き》いて、①私はいったい何をしているのだろう。

だしものは、〝大工しらべ〟だった。少年はときどき、おもしろそうにくすくす笑ったけれど、私は結局一度も笑えなかった。それどころか、だんだん心が重くなり、落語が終わって、大通りまで歩いた頃には、もうすっかり、悲しみが戻《もど》ってきていた。

デュークはもういない。

デュークがいなくなってしまった。

大通りにはクリスマスソングが流れ、薄《うす》青い夕暮れに、ネオンがぽつぽつつき始めていた。

「今年ももう終わるなぁ。」

少年が言った。

「そうね。」

「来年はまた新しい年だね。」

「そうね。」

「②今までずっと、僕《ぼく》は楽しかったよ。」

「そう。私もよ。」

下を向いたまま私が言うと、少年は私の顎《あご》をそっと持ち上げた。

「③今までずっと、だよ。」

懐《なつ》かしい、深い目が私を見つめた。そして、少年は私にキスをした。

私があんなに驚《おどろ》いたのは、彼がキスをしたからではなく、④彼のキスがあまりにもデュークのキスに似ていたからだった。茫然《ぼうぜん》として声も出せずにいる私に、少年が言った。

「僕もとても、愛していたよ。」

寂《さび》しそうに笑った顔が、ジェームス＝ディーンによく似ていた。

「それだけ言いに来たんだ。じゃあね。元気で。」

江國 香織「デューク」〈つめたいよるに〉より

(1) ――線①「私はいったい何をしているのだろう」とありますが、そのときの「私」の様子を次から一つ選び、記号で答えなさい。 25点

ア デュークの死をやっと乗り越えられて喜んでいる。

イ デュークを見下すような行動を申し訳なく思っている。

ウ デュークを忘れたような行動にふと我に返っている。

(2) ――線②「今までずっと」、③「今までずっと」と、同じ言葉を二回繰り返しているのはなぜですか。簡潔に説明しなさい。 30点

(3) ――線④「彼のキスがあまりにもデュークのキスに似ていた」とありますが、それはどんなことを表していますか。簡潔に説明しなさい。 45点

(1)	(2)	(3)

教科書ぴったりトレーニング
〈教育出版版・中学国語1年〉

解答集

この解答集は取り外してお使いください。

ふしぎ

p.6

ぴたトレ1

1 ①うちゅう ②の ③えんがん ④ないかく ⑤かんたん ⑥はっき ⑦そんけい ⑧つと ⑨す ⑩こくもつ ⑪じょうはつ ⑫おんせん ⑬いとな ⑭こころよ ⑮ろんり ⑯じょうけん ⑰そんざい ⑱しんぞう ⑲こうふん ⑳せいけつ ㉑ふくしゅう ㉒うたが ㉓きび ㉔いた

2 ①イ ②ア

p.7

ぴたトレ2

1 (1)イ (2)ア

桜蝶《さくらちょう》

p.8

ぴたトレ1

1 ①と ②つ ③かんさつ ④けはい ⑤ち ⑥ま ⑦いどう ⑧こうけい ⑨きせつ ⑩てんきん ⑪こきょう ⑫しせん

2 (1)①イ ②ア ③ウ (2)①ウ ②イ ③ア

3 ①公園 ②桜蝶

p.9

ぴたトレ2

1 (1)a桜の開花を告げる蝶 b花びら cピンク (2)次の目～び立つ (3)ア

p.10～11

ぴたトレ3

1 (1)倉橋（君） (2)例桜蝶について知らなかったから。 (3)例故郷にいる親友に教えてもらったから。 (4)例南の町からやって来たこと。 (5)飛んでいくピンクの霞 (6)Aア Bエ (7)例春の終わりが夏の始まりであるように、親友との別れが新たな人間関係の始まりであるということ。

2 ①気配 ②巻 ③季節 ④視線

考え方

1 (1)Aの文章とBの文章は、同じ出来事を違《ちが》う視点で描《えが》いたものであることをふまえておく。Aの文章を見ると、登場人物は「白石《しらいし》さん」と「倉橋《くらはし》君」の二人。Bでも「白石さん」は「白石さん」と呼ばれているので、「僕《ぼく》」は「倉橋君」とわかる。

(2)直前の「僕」の発言を聞いて首をかしげていることに着目する。白石さんは桜蝶のことを知らなかったから、首をかしげているのである。

(3) 桜蝶《さくらちょう》のことを説明したあとに、「そう教えてくれたのは、故郷にいる親友だった」とあることに着目する。

(4) 直前に「南の町から来た」とあることに着目。「僕」は南の町から親の転勤で引っこしてきた。また、桜蝶は南から北へ旅する蝶である。「僕」も桜蝶も南の町からこの町へ来たということは共通している。

(5) 「一斉《いっせい》に」とあるので、群れであることがわかる。その群れが飛んでいくので、大きなかたまりになって見えるはずである。

(6) AとBでは視点が違うので、描かれている内容も少し異なる。Aは登場人物を「白石さん」「倉橋君」と呼んでいることから、第三者の視点で描かれている。一方、Bは倉橋君の視点から描かれている。Aでは、倉橋君が自分では説明しない倉橋君の様子が描かれている。Bでは、客観的にはわからない倉橋君の気持ちや考えが描かれている。**イ**の二人がクラスメイトであることや、**ウ**の観察している場所、**オ**の桜蝶の習性はA・Bどちらにも書かれている内容である。

(7) 白石さんの「春とはもう、お別れなんだね……。」という発言とその後に「僕」が思い出した「別れは終わりなんかじゃない。」という親友の言葉に着目する。白石さんの「別れ」は春との別れを言っているのに対し、親友の「別れ」は故郷にいる親友と倉橋君との別れである。「春との別れ」は言い換《か》えれば、次の季節の始まりである。そのことをふまえると、「親友との別れ」は、次の人間関係の始まりともいえるのである。「春との別れが新しい季節の始まりをもたらすように、親友との別れが新しい人との出会いをもたらすということ。」などでも正解。

読解テクニック

1 (2) **理由を答えるときは「〜から。」をつける！**
「どうして」「なぜ」など、理由を答える問題では、答える際に、最後に「〜から。」をつける。問われていることに合う答え方をする。

文法の小窓1 言葉の単位／漢字の練習1

p.12

ぴたトレ1

1 ①とうと（たっと） ②お ③ため ④あや ⑤あやつ ⑥つど ⑦ひ ⑧わざわ ⑨こぜに ⑩はなぞの ⑪うみ（の）さち ⑫もと ⑬しわざ ⑭あたい ⑮すみ ⑯くらもと ⑰わざ ⑱むないた ⑲いっせい ⑳ふ ㉑ことう ㉒じびか ㉓いっせき ㉔ぼしゅん

2 ①イ ②ア

p.13

ぴたトレ2

1 エ→ア→イ→オ→ウ

2 五

3 (1) ア
(2) ①冷えた／水を／ごくごくと／飲んだ。
②庭に／小さい／赤い／花が／たくさん／咲いて／いる。

4 (1) イ
(2) ①公園／で／サッカー／の／練習／を／する。
②宇宙／に／関する／本／を／読ん／だ。

考え方

1 単語と文節をまちがえないこと。単語は言葉の最小単位である。主語を表す「が」や丁寧《ていねい》に言う「です・ます」なども一つの「語」

としてくぎる。文節は不自然にならないように細かくくぎったもので、「ネ・ヨ・サ」を挟《はさ》んでもおかしくないところでくぎる。したがって、最も小さいまとまりが単語、その次が文節である。三つめに小さいものが文で、「。」（句点）から「。」（句点）までを一文という。さらに、段落、文章となる。なお、段落には、形式段落と意味段落がある。

2 ここでは「！」「。」「？」の数を数えればよい。

3 (1)文節に分けるときは、「ネ」や「ヨ」を入れていくとわかりやすい。「弟がネ／図書館でネ／勉強をネ／してネ／いるヨ。」となる。

(2)「ネ」や「ヨ」を入れて分けていく。

4 (1)「予想外（名詞）／の（助詞）／こと（名詞）／で（助詞）／先生（名詞）／から（助詞）／ほめ（動詞）／られ（助動詞）／た（助動詞）。」という構成。

(2)まずは文節に分け、そのあとで、それだけで意味のわかる語とそれに付属する語に分けていく。①を文節に分けると「公園で／サッカーの／練習を／する。」となる。ここから、それだけで意味がわかる語（「公園」「サッカー」「練習」「する」）とそれに付属する語（「で」「の」「を」）に分ける。②を文節に分けると、「宇宙に／関する／本を／読んだ。」となる。ここから、それだけで意味のわかる語（「宇宙」「関する」「本」「読ん」）とそれに付属する語（「に」「を」「だ」）に分ける。

自分の脳を知っていますか

p.14

ぴたトレ1

1 ①みょう ②くせ ③ひかく ④ぬ ⑤おちい ⑥たが

2 ①オ ②ア ③ウ ④イ ⑤カ ⑥エ

3 ①おとり ②効率

p.15

ぴたトレ2

1 (1)イ (2)このことか (3)ア

p.16〜17

ぴたトレ3

1 (1)・例判断に時間がかかる。
・例判断をまちがえる。（順不同）

(2)例よけいなことに気を配る手間が省かれ、効率よく生きられるようになること。

(3)落とし穴

(4)例脳の癖は、効率よく作動しようと努めたことの裏返しだから。

(5)ア

(6)例脳が、常に論理的に正しい判断ができるわけではなく、実際は判断をまちがうこともあるから。

2 ①妙 ②比較 ③抜 ④陥

考え方

1 (1)幼児の判断については、直後に書いてあることを二点にまとめる。

(2)直前に「これが」とあるので、「これ」の指す内容を考える。幼児の段階では、判断に時間がかかったり、まちがえたりしていたものが、経験を通じて、不要な要素をすばやく取り除くことや、すばやい判断ができるようになり、効率よく生きられるのである。

(3)直後に誤った判断に陥《おちい》ってしまう仕組みが述べられている。本来はクッキーの面積を比較《ひかく》するべきところを、幅《はば》と高さという簡単な要素にしぼって比較してしまうことで、誤った判断をしてしまう。この簡単な要素にしぼってしまうことが「落とし穴」になるといっている。

(4) 傍線部《ぼうせんぶ》は判断を誤ることのある脳の癖《くせ》について述べていることをふまえる。「罪はありません」ということは、わざとではないということ。直前に「脳の癖は、脳が効率よく作動しようと努めたことの裏返しです。」とあることに着目する。

(5) 第四段落「ただし注意して」以降の内容に着目する。脳の癖によって、誤解や偏見《へんけん》、不調和や闘争《とうそう》が生じるかもしれないが、私たちの判断に脳の癖が影響《えいきょう》するものだと知っていれば、誤解を避《さ》けることもでき、自分にも他人にも優《やさ》しくなれる、という内容。また、傍線部の直後に「だって脳がそうなっているのだからしかたがない。」とある。以上のことをふまえると、脳の癖のことを知っていれば、自分や相手の誤りに寛容《かんよう》になって、不調和や闘争を避けることができるということがわかる。

(6) 直前の内容から、「まちがうこともある」ところが「かわいい」と言われていることがわかる。また、「案外」は「予想に反して」という意味。脳が、実は判断をまちがうことがあるというのが、「かわいい」ということである。「論理的に見える脳が、実は常に論理的であるわけではなく、まちがうこともあるから。」などでも正解。

読解テクニック

1 (2) **指示語の内容を探す！**

傍線部に指示語がなくても、前後に指示語がある場合、その指示語が指す内容を確認《かくにん》することで、傍線部の内容もわかることがある。指示語の内容は常に考えながら文章を読む。

漢字の広場1　漢字の部首

p.18

ぴたトレ1

1 ①ちが ②かくご ③そぼく ④か ⑤あご ⑥ちっそ ⑦しげ ⑧ぬす ⑨おんねん ⑩おんち ⑪おうぎ ⑫しゅうじん ⑬しい ⑭こうわん ⑮にんしん ⑯すいみん ⑰しんしつ ⑱ひょうしょう ⑲がんこ ⑳めんえき ㉑はいき ㉒とくめい ㉓られつ ㉔し

2 ①ア ②イ

p.19

ぴたトレ2

1 ①ア ②ウ ③イ ④エ ⑤オ

2 ①彡 ②儿 ③厂 ④囗 ⑤辶

3 ①エ ②ウ ③ア

4 ①くさかんむり ②くちへん ③いとへん ④かい ⑤りっしんべん

考え方

1 ①「にんべん（亻）」は「人」をもとにしてできている。人の状態や行動を表す漢字が多い。②「さんずい（氵）」は「水」をもとにしてできている。水の状態や性質を表す漢字が多い。③「おんなへん（女）」は、女性や女性の様子を表す漢字が多い。④「めへん（目）」は、目の状態や作用を表す漢字が多い。⑤「りっしんべん（忄）」は「心」をもとにしてできている。心の動きや働きを表す漢字が多い。

2 ①「彡」は「さんづくり」といい、他に「彩」や「影」などがある。②「儿」は「ひとあし」といい、他に「元」や「兄」などがある。③「厂」は「がんだれ」といい、他に「原」や「厄」などがある。④「囗」は「くにがまえ」といい、他に「回」や「団」などがある。⑤「辶」は「しんにょう」といい、他に「道」や「近」などがある。

3 ①「てへん」は「扌」のこと。②「こころ」は文字通り「心」がついている字を選ぶ。③「ほこづくり」は「戈」のこと。

4 ①「くさかんむり」は、草についての名称《めいしょう》や状態、草を作るものなどに関する漢字に使われている。
②「くち」は、偏《へん》の位置につくと「くちへん」と呼ばれる。飲食や声、息に関する漢字に使われている。
③「いとへん」は、糸についての種類や性質、糸を織ることや織物などに関する漢字に使われている。
④「かい」は、偏の位置につくと「かいへん」と呼ばれる。貝が昔は貨幣《かへい》として使われたことから、お金や宝に関する漢字に使われている。
⑤「りっしんべん」は、「心」という字を偏にしたもので、心の働きに関する漢字に使われている。

言葉の小窓1　日本語の音声

p.20

ぴたトレ1

1 ①りゅうがく　②かし　③むずか　④さいしょ　⑤と　⑥きほん　⑦たんい　⑧はいく　⑨きそく　⑩なら　⑪いちらん　⑫に　⑬しめ　⑭くべつ　⑮じっさい　⑯きょうちょう

2 ①ア　②ウ　③エ　④イ

p.21

ぴたトレ2

1 (1)①イ　②ア　③イ　④イ　⑤ア　⑥イ
(2)①カ　②エ　③イ　④オ　⑤ア　⑥ウ

2 ①㋐　②㋑　③㋑　④㋐

3 (1)ア
(2)①イ　②ア

考え方

1 (1)ローマ字で書き表してみるとよい。
①「s」と「a」、③「k」と「a」、④「y」と「u」、⑥「k」と「e」、というように子音《しいん》と母音《ぼいん》の組み合わせになっている。
②は「o」、⑤「i」と母音のみとなる。「a」「i」「u」「e」「o」の五つの音で表される音を母音という。
(2)①小さくつまる「っ」の音を含《ふく》んでいるので促音《そくおん》。
②のばす音である「ー」は長音という。
③「ん」の音を含んでいるので撥音《はつおん》。
④「パ」は半濁《はんだく》点のついている半濁音である。
⑤「ちょ」の音は小さい「ゃ・ゅ・ょ」を含む拗音《ようおん》である。
⑥「ガ」は「濁点」のついている濁音である。

3 (1)実際に発音をしてみて確かめるとよい。
強調したい言葉がある場合には、その言葉を強く発音したり、他の言葉よりもゆっくりと、はっきり発音したりする。
(2)①アは「食べない」と否定している文。イは「食べない」と勧誘《かんゆう》している文。勧誘のときの「〜ない」は上げ調子で読む。
②アは「〜ですか」と問う疑問文。イは「〜のか」と軽い驚《おどろ》きなどを表す文。疑問文のときには上げ調子で読む。

ベンチ

p.22

ぴたトレ1

1 ①ぼく ②がまん ③こうがい ④にお ⑤つめ ⑥さ ⑦ふくろ
⑧なが ⑨さ ⑩ようち ⑪いなか ⑫なべ ⑬こうかん
⑭げんかん ⑮あいさつ ⑯うば ⑰は ⑱こし ⑲ひざ ⑳の
㉑おそ ㉒てんとう ㉓きゅうか ㉔しか

2 ①イ ②ア

3 ①ドイツ ②迫害

4 ①ヘルガ ②ユダヤ人

p.23

ぴたトレ2

1 (1)ウ
(2)夜、僕はも
(3)もう会えなくなる

p.24～25

ぴたトレ3

1 (1)イ
(2)①気が気じゃなかった
②ただもう緑
(3)落ち着いてかけて
(4)例「僕」がユダヤ人であること。
(5)例ベンチのことを気にせず、二人で楽しく過ごしたいと思う気持ち。
(6)例僕と一緒にいるところを、僕がユダヤ人だと知っている人に見られたら、ヘルガに迷惑がかかるから。

2 ①黙 ②押 ③網 ④突然

考え方

1 (1)「もぞもぞしてた」というのは、落ち着かない様子を表す言葉であるが、その原因は、ユダヤ人である「僕《ぼく》」が、緑のベンチに腰《こし》かけてしまったことで、「知ってる人が通りかかりでもしたら」大変だという気持ちからである。「僕」はユダヤ人であることをヘルガにまだ打ち明けてはいなかったが、うそをついていたわけではない。また、ヘルガがチョコレートをくれたのは、「僕」のこの様子に気づいて、「僕」を落ち着かせようとしたからである。

(2)「うわのそら」は「一つのことに気が集中していない様子」を表す言葉である。
①「気が気じゃなかった」も「別のことが気になって落ち着いていられない」という意味なので、この部分を抜き出せばよい。
②ユダヤ人の「僕」が緑のベンチに座《すわ》っていることで、罰《ばっ》せられることをこわがっているのであるから、「ただもう緑のベンチが恐《おそ》ろしくて……」の一文が適切である。「他のことは何も考えられなかった」が、「うわのそら」と同じような意味であることにも着目すること。

(3)――線③の3～4行あとのヘルガの言葉に『ここのほうが落ち着いてかけていらっしゃれるの?』とある部分に着目する。緑のベンチに座って落ち着かない様子の「僕」を気づかっているヘルガの気持ちを読み取る。字数に従って「落ち着いてかけて」を書き抜けばよい。

(4)ヘルガが『ここのほうが落ち着いてかけていらっしゃれるの?』と聞いた「ここ」とは、《ユダヤ人専用》と書かれているベンチのことを指す。緑のベンチに座って落ち着かない様子だったので、「僕」がユダヤ人ではないかと考えたことをつかむ。ヘルガは「僕」がユダヤ人であっても、一緒に黄色のベンチに座るつもりであったのである。

(5)「僕」はユダヤ人であることで、周りの目を気にしている。そのことを、ヘルガは察して、黄色いベンチのないところに行けば、二人の時間をゆっくり楽しめると考えたのである。「一緒《いっしょ》にどこかへ行きましょう」という発言から、ヘルガが一人の人間としての「僕」とつきあいたいと思っていることがわかる。
(6)「僕」がヘルガと一緒にベンチに座ることを恐れている様子からも、「僕」がヘルガと一緒にいること自体が、とがめられることだと考えたことがうかがえる。ヘルガに対し、「迷惑《めいわく》をかける」「危険な目にあわせる」など、身を案じている「僕」の気持ちがわかるように書く。「ユダヤ人である僕と一緒にいることで、ヘルガを危険な目にあわせたくなかったから。」などでも正解。

読解テクニック

1 (2) **言い換《か》え表現や、指示語が指す内容に印をつけておく！**

同じ内容の言葉を抜き出したり、言い換《か》えた表現を抜き出したりする問題では、――線の付近や同じ状況《じょうきょう》の他の場面に注意して、言い換え表現に○などの印をつけながら読み進めると探しやすい。

全ては編集されている

p.26

ぴたトレ1

1 ①じまく ②しゅうろく ③けいさつ ④しょうぼう ⑤たんとう ⑥こうどう ⑦しきじ ⑧ぎじゅつ ⑨ていしゅつ ⑩えいぞう ⑪きょうみ ⑫ぎもん ⑬はっき ⑭はらん ⑮かのう ⑯きけん

2 ①ウ ②イ ③ア ④エ

3 ①順番 ②おもしろくない ③幸せ ④波乱 ⑤まちがった

p.27

ぴたトレ2

1 (1)ウ (2)ア (3)a嘘 bまちがった

漢字の広場２ 画数と活字の字体

p.28

ぴたトレ1

1 ①さくいん ②じょう ③よくせい ④たい ⑤りょうぼ ⑥すきま ⑦しゅりょう ⑧もう ⑨ちくさん ⑩がけ ⑪うみがめ ⑫さんらん ⑬う ⑭なっとく ⑮すこ ⑯ろうか ⑰そうじ ⑱いっしゅうき ⑲きんごう ⑳ひがた ㉑びん ㉒しょくたく ㉓かっとう ㉔けいひん

2 ①ア ②イ

p.29

ぴたトレ2

1 (1)①12 ②7 ③13 ④4 (2)ウ (3)①ウ ②ア ③エ ④イ

2 (1)①ア・エ（順不同） ②イ・オ（順不同） (2)①ア ②イ ③イ ④ア (3)①イ ②ア ③ア ④イ

考え方

1 (1)①「廊」の「阝」の部分は三画なので注意。②「近」③「遠」の「辶」は三画なので注意。④「比」の左側の部分は、活字によっては三画に見えることもあるが、画数としては二画なので注意。
(2)ア「畜」は十画、イ「鹿」は十一画、ウ「狩」は九画、エ「廊」は十二画。
(3)ア「索」は十画、イ「潟」は十五画、ウ「抑」は七画、エ「郷」は十一画。

2 (1)明朝《みんちょう》体は横画が細く、縦画が太いのが特徴《とくちょう》。教科書体は書かれた文字に近いのが特徴。
(2)明朝体は①「亀」のように、縦画と横画の太さが違い、④「人」のように、手書き文字とは形が違うものもある。教科書体は②「心」や④「除」などのように、手書きの文字に近い。

(3)明朝体は読みやすさを重視して作られていて、本や新聞などに一般的《いっぱん》に用いられている。教科書体は手書きの文字をもとに作られているので、文字の形や画数を確認《かくにん》しやすい。

「エシカル」に生きよう

p.30

ぴたトレ1

1 ①こうちゃ ②こうてい ③はいけい ④むずか ⑤ようい ⑥しげん ⑦めんか ⑧のうこう ⑨ほうりつ ⑩ちいき ⑪じんけん ⑫かいぜん ⑬きぼ ⑭じったい ⑮ちょうさ ⑯しんこく ⑰い ⑱ぼにゅう ⑲あやま ⑳く

2 ①ア ②ウ ③イ

3 ①自然環境 ②顔や背景 ③八〇〇万 ④レジ袋

p.31

ぴたトレ2

1 (1)①顔や背景が見える消費
②貧困・人権・気候変動（順不同）
(2)ア

森には魔法《まほう》つかいがいる

p.32

ぴたトレ1

1 ①まほう ②い（り）え ③どろみず ④りゅうし ⑤かい

2 ①オ ②ウ ③イ ④ア ⑤エ ⑥カ

3 ①魔法つかい ②フルボ酸鉄

p.33

ぴたトレ2

1 (1)ア
(2)①では、植物 ②a葉緑素 b不可欠

p.34〜35

ぴたトレ3

1 (1)イ
(2)例河口で植物プランクトンがたくさん発生していることから、川の水が沈まない鉄を運んでいることがわかった。
(3)海は死んだ
(4)例長年、森と川の環境を整えてきたことで、海に植物プランクトンがたくさんいたから。
(5)①フルボ酸鉄
②例大きな災害があっても変わらず海を豊かにし続ける森の機能に驚くとともに感動する気持ち。

2 ①江戸 ②泥棒 ③大粒 ④壊

考え方

1 (1)直前の「地球の目方の三分の一は鉄なのだそうです」から考える。
(2)直前には、河口で植物プランクトンがたくさん発生していること、直後に川の水が沈《しず》まない鉄を運んでいることが述べられている。この二つのことを入れてまとめる。
(3)東日本大震災《しんさい》が起き、津波《つなみ》によって海から生き物の姿が全く消えてしまった。そのことに対して、次の段落で、筆者は「海は死んだと思いました。」と述べている。
(4)田中克《たなかまさる》先生の発言に着目する。海の中に植物プランクトンがたくさんいること、それは、長年森と川の環境《かんきょう》を整えてきたことの成果であることが述べられている。
(5)①〜〜線Aの直後に「魔法《まほう》つかいの正体は、『フルボ酸鉄』だったのです。」とある。
②〜〜線Bのここでの「森には魔法つかいがいた」という言葉は、Aとは意味合いが異なる。単に「フルボ酸鉄」があるということを表しているのではなく、東日本大震災という災害が起こっても、森が壊《こわ》れなかったことに対する驚《おどろ》きと感動がこめられている。「東日本大震災という災害があっても森が壊れなかったことに対して感動する気持ち。」などでも正解。

読解テクニック

1 (5)**同じ表現の意味の違いに着目する！**

同じ表現が何度も繰り返されるときがある。強調するために何度も繰《く》り返している場合もあるが、意味する内容が違うときもある。その言葉に至るまでの文章をふまえて、筆者がその表現にこめた思いを読み取ることで、文章の理解が深まる。

文法の小窓２　文の成分／漢字の練習２

ぴたトレ１

1 ①せんぱい　②つい　③ほんだな　④ともな　⑤まんが　⑥なぞ　⑦しょみん　⑧とら　⑨こうきょうがく　⑩とびら　⑪ふつう　⑫ほ　⑬ほうしゅう　⑭さけ　⑮あくしゅ　⑯あわ　⑰ちゅうしゃく　⑱さつき　⑲たちのく　⑳やまと

2 ①イ　②ウ　③ア

ぴたトレ２

1 ①（主語）母は　（述語）植えた
②（主語）私たちも　（述語）行きます

2 ①いい　②好きな　③もらった　④竹が

3 ①こんにちは　②雨なので　③田中さん

4 ①消えている　②窓や床を　③静かでない

5 ①イ　②エ　③ア　④オ　⑤ウ

考え方

1 ①主語は「……が」や「……は」となっていることが多い。また、述語は文で「どうする」にあたる部分。②は「私たちも駅前の書店に行きます。」と普通《ふつう》の語順に直して考える。主語は、「……が」や「……は」でない場合もある。主語を答えるときには、述語を先に捉《とら》え、「何（誰）が」にあたる語を探すとよい。

2 ①「とても→いい」、②「最も→好きな」、③「三日前に→もらった」、④「光る→竹が」とつなぐと意味が通じる。修飾語《しゅうしょく》と被修《ひ》飾語の関係を「修飾・被修飾の関係」という。

3 ①「こんにちは」は感動詞で、ほかから独立している。②「雨なので」は理由を示して、あとへつなげている。③「田中さん」は呼びかけで、他から独立している。

4 ①この「いる」は本来の意味ではなく、「消えて」に補助的な意味をそえている。②「窓や」と「床《ゆか》を」は並んでいる。③この「ない」は本来の「存在しない」という意味ではなく、「静かで」に補助的に打ち消しの意味をそえている。

5 ①述語にあたる部分なので述部。②接続語にあたる部分なので接続部。③主語にあたる部分なので主部。④独立語にあたる部分なので独立部。⑤修飾語にあたる部分なので修飾部。

昔話と古典――箱に入った桃太郎《ももたろう》――

ぴたトレ１

1 ①ね　②おさ　③えど　④なら　⑤ちいき　⑥こと　⑦たんじょう　⑧ちが　⑨わ　⑩てんかい　⑪いこう　⑫しゅっぱん　⑬かめ　⑭わかもの　⑮と　⑯た　⑰おん　⑱ようそ　⑲はんえい　⑳ゆた

2 ①イ　②ア

ぴたトレ２

1 (1)こわごわ
(2)A桃太郎　B浦島太郎　Cかぐや姫
(3)（桃太郎）江戸時代　（浦島太郎）奈良時代　（かぐや姫）平安時代

ぴたトレ3

1

(1)長生き
(2)例亀を助けてやったこと。
(3)例長生きする亀の命を絶つのはかわいそうだから。
(4)①例助けてやった亀に恩返しされる点。
②例浦島太郎が助ける亀が、釣った亀から子どもにいじめられている亀に変化した。
(5)イ
(6)例語られたり書き記されたりした時代や地域の、社会や生活が反映されたから。

2

①割　②誕生　③展開　④以降

考え方

1

(1)「鶴《つる》は千年亀は万年」は長生きのめでたさを表現したことわざ。
(2)直前に「助けてやる」とあることから考える。
(3)浦島太郎《うらしまたろう》の発言に着目する。「おまえは長生きをする生き物だ。ここで命を絶つのはかわいそうなので、助けてやる。」とある。せっかく長生きをするめでたい動物である亀を、ここで殺すのはかわいそうだから、海に帰したのである。
(4)①現代の浦島太郎の内容は、第一段落の「江戸時代の中頃《ごろ》に出版された子ども向けの本では、子どもたちにいじめられている亀を浦島太郎が助けるというものではありません。」からわかる。現代の浦島太郎は、子どもたちにいじめられている亀を助ける、という内容。これに対して、第二段落にあるように、江戸時代の浦島太郎は、釣《つ》り上げた亀を助ける、という内容。共通しているのは、どちらも亀を助ける、ということである。また、「亀は浦島太郎にどんな恩返しをするのでしょうか。」とあることから、江戸時代の浦島太郎も、亀が恩返しをする話であることがわかる。
②江戸時代の浦島太郎は釣った亀を助ける、現代の浦島太郎は子どもたちにいじめられている亀を助ける、という話。亀が助けられた状況《じょうきょう》が変化している。
(5)アで文章の内容についてふれているのは「子どもが亀をいじめる」の部分。これは文章の内容に合う。イで文章の内容にふれているのは「遊んでいるだけの浦島太郎が亀に恩返しされる昔の話」の部分。これは文章に合わない。江戸時代の浦島太郎は魚を捕《と》って両親を養っているので、遊びで釣りをしていたわけではない。ウについて、江戸時代の浦島太郎も現代の浦島太郎も、亀を助けて恩返しされていることから、動物に優《やさ》しくすることを正しいこととして描《えが》いていることは共通している。
(6)——線④のあとの「その一方で」以降に着目する。時代や地域、社会や生活も話の内容に反映されて、変化していく。「時代・地域の社会や生活の変化に対応したから。」なども正解。

読解テクニック

1 (5)文章の内容と読み手の考えを分ける！
今回の問題のように、文章の内容をもとに生徒が話し合っている問題の場合、生徒の発言の中で、文章の内容について述べている部分と感想や考えを述べている部分に分けて考える。

物語の始まり —— 竹取物語《たけとり》 ——

p.42

ぴたトレ1

1 ①ひめ　②ころ　③きゅうこん　④たつ（りゅう）　⑤だれ　⑥むか　⑦おか　⑧はごろも　⑨わた　⑩らくたん

2 (1)①ウ　②ア　③イ
(2)①ア　②イ

p.43

ぴたトレ2

1 (1)①いいける　②たけなん　④うつくしゅう　⑤いたり
(2)③とても　⑤座っている
(3)⑥今は昔　⑦よろづ（の）

p.44〜45

ぴたトレ3

1 (1)①よろず　⑥いとおし
(2)②不思議に思って　③かわいらしい姿で
(3)a 雲に乗っ　b 地面から
(4)ア
(5)ウ
(6)例三か月ぐらいの間で、一人前の大人に成長した。

2 ①結婚　②迎　③渡　④大胆

考え方

1 (1)語頭以外のハ行の音は、ワ行の音に改める。「ぢ・づ」は「じ・ず」に改める。
(2)「あやし」「うつくし」は、よく用いられる古語である。
(3)普通の人間ではないことは、普通の人間にはできないことをしていることでわかる。雲に乗ったり、地面から五尺ぐらい浮《う》かんでいたりすることは普通の人間にはできない。
(4)直後にかぐや姫《ひめ》にどのようなことが起こっているのかに着目する。いちばん大きな変化は、翁《おきな》への「もの思ひ」がなくなったことである。
(5)物語には、髪《かみ》上げなど、現代にはない習慣について描《えが》かれており、竹取の翁がかぐや姫を大切に育て、かぐや姫も天《あま》の羽衣《はごろも》を着せられるまでは、育ての親である竹取の翁を大切にしていたことが描かれている。一方、子育ての苦労を主題にしたような話ではない。
(6)次の文に書かれている。非常に短い期間で、たいへん成長したのである。

読解テクニック

1 (2)**現代と意味が違う言葉に注意する！**
古語の「あやしがる」や「うつくし」などは、現代と意味が違うので注意が必要。特に「うつくし」はよく出てくる言葉なので「かわいらしい」という意味を覚えておくとよい。

故事成語 —— 中国の名言 ——

p.46

ぴたトレ1

1 ①むじゅん　②するど　③さる　④ごび　⑤なえ　⑥つか　⑦むすこ　⑧か

2 ①キ　②ア　③エ　④イ　⑤オ　⑥ウ　⑦カ

p.47

ぴたトレ2

1 (1)①いわく　③とおす
(2)②エ　④イ
(3)⑤あなた　⑥どうなるだろう
(4)矛盾

蜘蛛《くも》の糸

p.48

ぴたトレ1

1 ①ごくらく ②さ ③おお ④じごく ⑤すいしょう ⑥す ⑦いっしょ ⑧いっぴき ⑨みちばた ⑩ふ ⑪むく ⑫う ⑬しずく ⑭くらやみ ⑮けんめい ⑯ちゅうと ⑰かく ⑱おどろ ⑲た ⑳かんじん ㉑じひ ㉒ばつ（ばち） ㉓とんちゃく

2 ①イ ②ア

3 ①極楽 ②蜘蛛

4 ③罪人 ④無慈悲

p.49

ぴたトレ2

1 (1)ウ (2)罪人たち (3)イ

河童《かっぱ》と蛙《かえる》／漢字の練習3

p.50

ぴたトレ1

1 ①かんこく ②ますめ ③とんでんへい ④ぎゅうどん ⑤ねこ ⑥あねったい ⑦はなは ⑧へんぼう ⑨また ⑩じゅよ ⑪れいちょうるい ⑫へいぼん ⑬しょさい ⑭しょうてん ⑮とら ⑯さみだれ ⑰しゃみせん ⑱つゆ ⑲ひより ⑳おど ㉑ぬま ㉒わ ㉓うた ㉔あわ

2 ①イ ②ア

p.51

ぴたトレ2

1 (1)ウ (2)イ (3)ア (4)ア (5)ぐるりの山

p.52〜53

ぴたトレ3

1 (1)（第二連）じゃぶじゃぶ （第四連）じゃぼじゃぼ
（第六連）ぶるるっ（と） （第九連）ぐぶう（と）

(2)例 河童の皿の中の水に月が映っている様子。

(3)例 河童が踊って

(4)ア・エ（順不同）

(5)動かない

(6)例 河童が沼の底にもぐってしまったということ。

2 ①一升瓶 ②与 ③焦 ④捉

考え方

1 (1)「オノマトペ」は音や声を表す擬声《ぎせい》語やものごとの様子を表す擬態語のこと。「河童《かっぱ》と蛙《かえる》」ではたくさんのオノマトペが使われている。

(2)河童の皿に映った月が揺《ゆ》れている様子をつかむ。

(3)河童が踊《おど》る姿を見て、周りの山が驚いている様子を表している。

(4)「ねめまわす」とは、にらみ回すという意味。踊りが絶頂に達していることをつかむ。

(5)河童が沼《ぬま》の底に沈んでいったために、沼は静けさを取り戻《もど》し、水に映った月の姿がはっきりしている様子をつかむ。

(6)「沼の底から泡《あわ》がいくつかあがってきた。」ということは、沼の底に河童がいるということ。踊りが終わって、河童が沼の底に沈んでいったということを表している。

読解テクニック

1 (3)**人にたとえた表現に着目する！**

「息をのむ」というのは驚いて息を止めることを表す表現だが、一般《いっぱん》的に「山」には使わない。しかし、ここでは「山」を人に見立てて、「息をのむ」と表現することで、河童が踊っている様子に対して、周りの山が静かであることを表している。このように、別のものにたとえる表現が出てきたときは、文章の内容に照らして、どういうことを表しているのか考えるとよい。

オツベルと象

p.54

ぴたトレ1

1 ①いね ②す ③さばく ④ふ ⑤ぞうきん ⑥いそが ⑦おく ⑧たいくつ ⑨いせい ⑩かせ ⑪えら ⑫くつ ⑬は ⑭ゆかい ⑮ご ⑯あらし ⑰ふんか ⑱しば ⑲したく ⑳はげ ㉑そ ㉒やっき ㉓さわ ㉔や

2 ①ア ②イ

3 ①牛飼い ②オツベル ③象（白象・白い象）

p.55

ぴたトレ2

1 (1)①ウ ②がたがた震えだす

(2)ア

p.56～57

ぴたトレ3

1 (1)血の気もうせて

(2)ウ

(3)a象小屋 b助ける

(4)エ

(5)降参をする印

(6)例林のような象が光をさえぎったから。

(7)例オツベルをやっつけて白象を屋敷から連れ出すこと。

2 ①煙 ②床 ③把握 ④丈夫

考え方

1 (1)「血の気もうせて」は「血（の気）が引く」などと同じで、恐怖《きょうふ》のあまり青ざめている様子を表している。百姓《ひゃくしょう》どもが強い恐怖を感じた理由は、林のような象が押し寄せてくるのを見たからであり、その前後に恐怖を感じていることが表現されていることに着目して探す。

(2)「林」は、大きな体の象が立ち並んでいる様子をたとえている。また、「汽車より速く」とは、勢いをつけて向かってくる様子をたとえている。森の象たちは、白象を助けるために、大勢でオツベルの屋敷に押し寄せてきたことを押さえる。あてはまらないものを選ぶことに注意する。

(3)百姓どもが「だんなあ、象です。押し寄せやした」と言うのをオツベルが聞き、象たちが何をしにやって来たのかがわかったということを意味する。象がどこにいるのかを、あとの発言で「象のやつは小屋にいるのか」と確認して象を閉じこめようとしている部分に着目して探す。また、象が来た目的を、仲間の象の最後の発言に着目して探す。

(4)ラッパとはトランペットという楽器で、ファンファーレなどで高らかな音を出す。直前に百姓たちに指示を出すオツベルの声は、それだけ大きくはっきりしたもので、声がよく通っていることをたとえている。

(5)オツベルは象たちと戦う構えがあり、支度《したく》もして百姓たちを励《はげ》ましているのとは対照的に、百姓たちは巻き添《ぞ》えを食いたくないという気持ちからさっさと降参しようとしている。「白旗をあげる」とは降参を意味し、旗はないのでともかく白いものを象たちに見せることで、自分たちは無関係であることを示したかったのである。

(6)地面がぐらぐらと揺《ゆ》れたのは、象たちが屋敷に押し寄せ、屋敷の周りを走り回っているからである。同様に、ばしゃばしゃと暗くなっているのは、屋敷に入ろうとする林のような象の大群によって、光が遮《さえぎ》られ暗くなってしまったからである。大きな象が大群で押し寄せたことを「林のような」とたとえて表現していることに注意してまとめるとよい。

(7)白象からもらった手紙には「助けてくれ」と書かれていたが、議長の象は「オツベルをやっつけよう」と叫び、仲間の象たちもあとに続いた。白象を救出するだけではなく、オツベルをやっつけようとしたのである。白象を救出することとオツベルをやっつけることの二点を書けていれば正解。「オツベルをこらしめて白象を森へ連れて帰ること。」なども正解。

読解テクニック

1 (1)**人物の発言や動作、慣用表現に注意して心情をつかむ！**
直接心情を表す言葉が書かれていない場合、発言や動作が手がかりとなる。また、「肝を冷やす」「身の毛がよだつ」「歯の根が合わない」などの恐怖を示す慣用表現も覚えておくとよい。

言葉の小窓2 日本語の文字／漢字の練習4

p.58

ぴたトレ1

1 ①ついとう ②か ③せんこう ④まゆ ⑤じゅんすい ⑥つばさ ⑦しがいせん ⑧こうせい ⑨はちみつ ⑩とうき ⑪つる ⑫くふう ⑬ゆうへい ⑭ほどとお ⑮かどまつ ⑯きた ⑰こんちゅう ⑱ひろう ⑲うね ⑳ねんざ

2 ①イ ②ウ ③ア

p.59

ぴたトレ2

1 ①イ・ウ・エ（順不同） ②ア

2 ①イ ②ア

3 (1)①ウ ②タ ③ト ④ホ ⑤ミ ⑥フ
(2)①スイカ ②ヒカルホシ ③チカクノエキ ④ヨテイニアワセル

4 ①（平仮名）せ（片仮名）セ ②（平仮名）な（片仮名）ナ ③（平仮名）ゆ（片仮名）ユ ④（平仮名）り（片仮名）リ

5 ①発 ②料 ③若 ④清 ⑤庭 ⑥国

考え方

1 ①表音文字は音《おん》だけを表す文字のこと。平仮名、片仮名、ローマ字は一字一字に意味があるわけではないので、表音文字にあたる。②表意文字は意味を表す文字のこと。漢字は一字一字に意味があるので、表意文字にあたる。

2 日本語に文字がなかったため、漢字の音を借りて、日本語を書き表したものが「万葉仮名」。①「阿米」の「阿」は「あ」、「米」はここでは「め」と読む。②「八万」の「八」は「や」、「万」は「ま」と読む。

3 (1)片仮名は漢字の一部を切り取ってできたもの。①「宇」の「宀」から「ウ」、②「多」の「夕」から「タ」、③「止」の初めの二画から「ト」、④「保」の「木」から「ホ」、⑤「三」から「ミ」、⑥「不」の初めの二画から「フ」がそれぞれできた。
(2)漢字の一部を切り取ったものが片仮名なので、漢字の中に片仮名を探す。①「須」は最後の三画から「ス」となった。

4 平仮名は行書や草書からできたもの。片仮名は漢字の一部を切り取ったもの。「世」の行書が「世」。ここから平仮名の「せ」ができた。また、一部をとって片仮名の「セ」となった。②「奈」の行書が「奈」。ここから平仮名の「な」ができた。また、初めの二画から片仮名の「ナ」となった。③「由」の行書が「由」。ここから平仮名の「ゆ」ができた。また、一部を切り取って片仮名の「ユ」となった。④「利」の行書は「利」。ここから平仮名の「り」ができた。また、最後の二画から片仮名の「リ」ができた。

5 行書は楷書《かいしょ》を少しくずしてできた書体。画をつなげて書いたり、画の形が変わったりする。

子どもの権利

p.60

ぴたトレ1

1 ①ぎゃくたい ②うば ③ふく

2 ①カ ②ク ③ア ④イ ⑤キ ⑥ウ ⑦エ ⑧オ

3 ①子ども ②国

p.61

ぴたトレ2

1 (1)①a 未熟 b 大人
②a 国連 b 責任
(2)イ

p.62〜63

ぴたトレ3

1 (1)a 世界大戦 b 惨害
(2)人権の保障
(3)ア
(4)しかし、子
(5)例人権を学ぶことは、全ての人の命の尊さと平等を学ぶことであり、平和な社会を築くためには必要なことである。

2 ①責任 ②虐待 ③奪 ④含有

考え方

1 (1)国連についての説明は、第二段落に書かれている。
(2)――線③のあとに、「人権の保障を目的の一つに掲《かか》げ活動してきた」とあります。
(3)第三段落の内容に着目する。人にはさまざまな違いがあり、その違いを認め合い、対話し、それぞれの立場を思い合うことで、平和な社会が築けるということが述べられている。
(4)「子どもの権利条約」という言葉を探すと、――線⑤のあとに「しかし、子どもの権利条約では、子どもの教育の目的を……」と、子どもの権利条約で、教育の目的をどのように定めているのかが書かれている文が見つかる。
(5)子どもの権利条約には、教育の目的は、「人権を尊重し、他者への理解、平和や寛容《かんよう》、男女の平等を学び身につけ、責任ある大人になるための準備」であると定められている。また、筆者は「子どもが人権を学ぶことは、自分を含《ふく》む全ての人の命の尊さと平等を学ぶことであり、自分を大切にすると同時に、他人を思いやり、平和な社会を築くために必要なのです。」と述べている。以上のことを踏まえると、子どもに権利や人権を教えることは、子どもをわがままで自己中心的な人間にすることではなく、他人を思いやる人間を育てることであり、平和な社会を築くことにもつながることだということがわかる。「人権を学ぶことは、他者への理解、平和や寛容、男女の平等を身につけ、責任ある大人になるために必要なことである。」などでも正解。

読解テクニック

1 (5) **一般《いっぱん》論に対する筆者の考えを捉える！**
一般的な考え方や一部の考え方を先に挙げて、それに反論する形で筆者の考えが述べられることがある。二つの考えの違いを考えながら読むとよい。

漢字の広場3　漢字の音と訓／漢字の練習5

p.64

ぴたトレ1

1
①きく　②とうげ　③じゃぐち　④ほはば　⑤こもん　⑥わきやく
⑦かたすみ　⑧すず　⑨ぼんさい　⑩どんてん　⑪あいまい
⑫やっ　⑬じょうまえ　⑭に　⑮かはん　⑯いしうす　⑰あ
⑱じゅうなん　⑲ぶんせき　⑳しゅさい　㉑つうこん　㉒ひよく
㉓だきょう　㉔ひゆ

2
①イ　②ア

p.65

ぴたトレ2

1
①（音読み）げん（訓読み）みなもと
②（音読み）し（訓読み）こころざし（こころざ－す）
③（音読み）けん（訓読み）つるぎ
④（音読み）えん（訓読み）ほのお

2
①（音読み）けんぶつ（訓読み）みもの
②（音読み）ふうしゃ（訓読み）かざぐるま
③（音読み）しきし（訓読み）いろがみ
④（音読み）だいじ（訓読み）おおごと

3
①エ　②ア　③ウ　④イ

4
①ア　②エ　③エ　④ア　⑤ア　⑥ウ

考え方

1　音読みは中国での発音がもとになった読み方。訓読みは漢字の意味を表す読み方。①「源」の訓読みの「みなもと」は意味を表すので、「電源」は「電気の源」という意味になる。②「志」の訓読みの「こころざし」は意味を表すので、「大志」は「大きい志」という意味になる。③「剣」は音読みの「けん」でも意味が通じるが、訓読みは「つるぎ」なので注意。④「炎」の訓読み「ほのお」は意味を表すので、「炎上《えんじょう》」は「炎が（燃え）上がる」という意味になる。

2　音読みで読むか、訓読みで読むかによって意味が異なるので、注意が必要。①音読みの「けんぶつ」は、見て楽しむという意味だが、訓読みの「みもの」は、見る価値のあるものという意味になる。②音読みの「ふうしゃ」は一般《いっぱん》的に風を利用してエネルギーを得るための装置のことを指し、訓読みの「かざぐるま」はおもちゃの一種を指す。③音読みの「しきし」は文字を書くための厚紙のことで、訓読みの「いろがみ」は折り紙などに使う紙のことをいう。④音読みの「だいじ」と訓読みの「おおごと」は、ともに重大な事件という意味もあるが、音読みの「だいじ」は、大切であるという意味も表す。

3　音読みを片仮名、訓読みを平仮名で表すと、①「てホン」、②「ボコク」、③「キャクま」、④「さかみち」となる。音読みは、それだけでは意味がわかりにくい読み方、訓読みはそれだけで意味がわかる読み方であるという原則を覚えておくとよい。

4　音読みを片仮名、訓読みを平仮名で表すと、①「ニンキ」、②「ひとケ」、③「おおゼイ」、④「タイセイ」、⑤「コウジョウ」、⑥「コウば」となる。

言葉がつなぐ世界遺産

p.66

ぴたトレ1

1 ①そうしょく ②ごうか ③けいだい ④と ⑤かんきょう ⑥しっけ ⑦ちょうこく ⑧あざ ⑨うるし ⑩はくらく ⑪はくりょく ⑫びみょう ⑬とう ⑭のきした ⑮しゅいろ ⑯こ ⑰ひとみ ⑱ぬ ⑲たよ ⑳しょうさい ㉑せんさい ㉒でし ㉓はだ ㉔おとず

2 ①イ ②ア

3 ①世界遺産 ②厳しい ③二十年

p.67

ぴたトレ2

1 (1)①イ ②修復記録の蓄積
(2)a技法 b色合い c職人

p.68～69

ぴたトレ3

1 (1)見取り図
(2)・例豪華な装飾を施す社寺が少ないこと。
・例継承者が減少していること。
・例昔ながらの材料を確保しにくいこと。(順不同)
(3)自分の肌
(4)受け継がな
(5)エ
(6)例技術を後世に残していけるかどうかが自分たちにかかっているので責任を感じ、身の引きしまるような気持ち。

2 ①審査 ②描 ③濃 ④環境

考え方

1 (1)傍線部《ぼうせんぶ》を含む一文に注目する。すると、「これが、まさに『修復記録の蓄積《ちくせき》』なのである。」とある。「これ」の指す内容は直前の「数千枚」であり、何の枚数かと考えていくと、さらに前の「見取り図」のことであるとわかる。
(2)傍線部の直後の段落で「現代では、日光ほどの装飾《そうしょく》を社寺に施《ほどこ》すことはきわめて少ない……ため、技術の伝承はいっそう難しくなっている。」とある。この部分までに述べられている内容を三点に分けて説明するとよい。
(3)空欄補充《くうらんほじゅう》は、空欄の前後の語句に着目する。示されている文の「技術を～でつかもうと…」の「つかむ」という言葉が手がかりとなる。
(4)傍線部直後にあるように、師匠《ししょう》から弟子《でし》へ受け継《つ》がれていく技術であることを押さえる。指定字数と合わせて考えると、傍線部の9～10行後に「(彼らが)受け継がなければ失われる技術」とある。
(5)アは「澤田《さわだ》さん」と「手塚《てづか》さん」が逆。師匠が澤田さんで、弟子が手塚さんである。イは「どんなときでも決められた調合をする」というのが誤り。本文中では「その日の湿度《しつど》や温度によっても、絵の具の溶《と》き方をきめ細かく変え」とある。ウは「一人前の職人になった」という部分が誤り。澤田さんの指導を受けながら「まだまだ修行《しゅぎょう》です」と述べている部分がある。
(6)ここでいう「重み」とは、次代を担《にな》い、後世へと技術を伝える責任の重さから来るものである。自身の責任の重さに対する、やや緊張《きんちょう》した気持ちを踏まえてまとめる。「技術をしっかりと伝えていくためにもっと自分に厳しくしようと決意する気持ち。」などでも正解。

読解テクニック

1 (2)**ポイントを分けて考える!**
「三つに分けて書きなさい」というように、複数に分けて答えるときには、一文に書かれていてもポイントを分けてまとめる。「まず」「次に」や「加えて」などの言葉にも注意するとよい。

地域から世界へ——ものづくりで未来を変える——

p.70

ぴたトレ1

1 ①でんとう ②しゅうにゅう ③そ ④よ ⑤もよう ⑥きぬ ⑦せんもん ⑧きちょう ⑨よ ⑩じっさい ⑪てんらん ⑫かくだい ⑬けんしゅう ⑭しや ⑮ほうそう ⑯たず ⑰きじゅん ⑱ていきょう ⑲せんとう ⑳かち

2 ①ア ②ウ ③イ

3 ①有松・鳴海絞り ②素材 ③播州の刃物 ④井波彫刻 ⑤木彫体験

p.71

ぴたトレ2

1 (1)a技術 b産業 c貴重 (2)ワークショップ (3)ア

p.72〜73

ぴたトレ3

1 (1)①a宮大工 bノミ c欄間
②例新しいものを作り続けてきて、決まった型がなく、職人どうしが競って技術を高めて、なんでも彫れるところ。
(2)地域全体の活性化
(3)例空き家を宿泊施設として使い、職人による木彫体験ができる宿泊プランを作った。
(4)ウ
(5)例住宅様式が変化し、欄間の需要が減った職人が、海外からの観光客など新しい需要を見いだし、収入を得られるようにすること。

2 ①型紙 ②布 ③限 ④開催

考え方

1 (1)①第二段落に「井波《いなみ》彫刻」の説明がある。
②山川《やまかわ》さんの発言に着目する。第八段落に「井波彫刻は、新しいものをずっと作り続けてきた。決まった型がなく、職人どうしが競《きそ》って技術を高めて、なんでも彫れる。だからこそ、井波彫刻としての価値が残ってきた。」とある。この部分に、山川さんの井波彫刻に対する見方が表れている。
(2)「井波地域のみで使えるアプリ」は「井波彫刻」とは直接の関わりはない。なぜそのようなアプリを開発したのかというと、井波彫刻を目的として訪れた観光客によって、井波地域全体がうるおうようにするためである。——線③のあとに「地域全体の活性化を目ざしたい。」とあることからわかる。
(3)第四段落に書かれてある内容をまとめる。空き家に宿泊《しゅくはく》し、職人の工房《こうぼう》で彫刻の体験ができるというプランを作ったのである。
(4)第五段落に宿泊プランの利用者の七割が外国人で、ものづくりに関わる人たちに人気があることが述べられている。
(5)「住宅様式」という言葉を探すと、第三段落に「住宅様式が変わり、欄間《らんま》の需要《じゅよう》も少なくなりました」とある。このことを踏まえて、〜〜線の直前の部分をまとめる。

読解テクニック

1 (4)**まとめた言葉を具体的なことにあてはめる！**
文章の終わりに、これまで述べてきたことをまとめて、印象的な表現が書かれることがある。その言葉が、文章の中で、どの部分にあたるのかを考えると、文章の理解が深まる。

文法の小窓3 単語のいろいろ

p.74

ぴたトレ1

1 ①いさん ②きび ③りかい ④やくわり ⑤ふぞく ⑥たんどく ⑦かなら ⑧ふ ⑨ほけん ⑩せいしつ ⑪せつぞく ⑫じゅつご ⑬りっぱ ⑭きじゅん ⑮はんだん ⑯ふくすう

2 ①ウ ②ア ③オ ④イ ⑤エ

p.75

ぴたトレ2

1 ①付属語 ②自立語 ③付属語 ④自立語

2 ①だっ（でし） ②こ ③な ④れ

3 ①オ ②ア ③カ ④ウ ⑤キ ⑥エ ⑦イ ⑧ク

4 ①助詞 ②助詞 ③助詞 ④助動詞 ⑤助詞 ⑥助動詞

5 ①感動詞 ②名詞 ③動詞 ④連体詞 ⑤形容動詞 ⑥副詞 ⑦動詞 ⑧助動詞

考え方

1 ①助動詞だから付属語。自立語の「来」について文節をつくっていることを押さえる。②形容詞だから自立語。一つの文節をつくっていることを押さえる。③助動詞だから付属語。自立語の「食べ」について文節をつくっていることを押さえる。④副詞だから自立語。一つの文節をつくっていることを押さえる。

2 ①形容動詞「元気だ（元気です）」の連用形。②動詞「書く」の未然形。③形容動詞「きれいだ」の連体形。④動詞「晴れる」の仮定形。

3 ①他から独立している感動詞。②名詞の種類では普通名詞。③動詞「植える」の連用形。④用言を修飾する副詞。⑤形容詞「大きい」の連用形。⑥順接を表す接続詞。⑦体言を修飾する連体詞。⑧形容動詞「丁寧《ていねい》だ」の連用形。

4 ①場所を表す格助詞。②ついている文節が連体修飾語であることを示す格助詞。③ついている文節が主語であることを示す格助詞。④伝聞の意味の助動詞。⑤作用の起点を示す格助詞。⑥過去の意味の助動詞。

5 ①他から独立している感動詞。②名詞の種類では普通名詞。③動詞「かける」の終止形。④体言を修飾する連体詞。⑤形容動詞「静かだ」の連用形。⑥用言を修飾する副詞。⑦動詞「笑う」の連用形。⑧過去の意味の助動詞。

漢字の広場4 熟語の構成

p.76

ぴたトレ1

1 ①らいめい ②めいほう ③さきゅう ④ぶたい ⑤わんりょく ⑥しゅっか ⑦きぎょう ⑧はくしゅ ⑨さんがく ⑩ていせい ⑪そうだい ⑫かいぼう ⑬どうくつ ⑭ぜひ ⑮どんか ⑯ろうすい ⑰てんさく ⑱ごうせい ⑲ゆううつ ⑳せんと ㉑ゆし ㉒きゅうかく ㉓ふきゅう ㉔かんしょう

2 ①ア ②イ

p.77

ぴたトレ2

1 ①ウ ②イ ③ア ④ウ

2 ①体 ②富（潤） ③温 ④助 ⑤良

3 ①楽 ②寒 ③近 ④悪 ⑤得

4 ①イ ②ウ ③エ ④ア ⑤カ ⑥オ

考え方

1 ①「文を作る」、②「品物の質」、③「人が造る」、④「車に乗る」と考える。

2 ①どちらも「からだ」という意味。②どちらも「ゆたか」という意味。③どちらも「あたたかい」という意味。④どちらも「たすける」という意味。⑤どちらも「よい」という意味。

3 ①「苦しい」の反対は「楽しい」。②「暖かい」の反対は「寒い」。③「遠い」の反対は「近い」。④「善い」の反対は「悪い」。⑤「損」の反対は「得」。

4 ①接尾語の「性」、②接頭語の「不」、③接尾語の「化」、④接尾語の「的」、⑤接頭語の「非」、⑥接頭語の「未」がつく。

p.78

四季の詩／漢字の練習6

ぴたトレ1

1 ①じゅう ②かき ③もも ④ほうがく ⑤かいそう ⑥かせん ⑦そち ⑧しんちょく ⑨しょうじょう ⑩しゅとう ⑪げり ⑫りじゅん ⑬しんすい ⑭ぶんぴつ ⑮つぼすう ⑯かいづか ⑰こふん ⑱どじょう ⑲こんきゅう ⑳せっとう ㉑かまもと ㉒ていたく ㉓くわばたけ ㉔しんろう

2 ①イ ②ア

p.79

ぴたトレ2

1 (1)Aてふてふ B虫 C雪 (2)ウ (3)イ

少年の日の思い出

p.80

ぴたトレ1

1 ①す ②めずら ③ゆうぎ ④むさぼ ⑤しの ⑥はんてん ⑦かんき ⑧は ⑨もはん ⑩ねた ⑪かんてい ⑫さしえ ⑬ねつれつ ⑭いくど ⑮うらや ⑯ゆうが ⑰たんねん ⑱いぜん ⑲けいべつ ⑳あつか ㉑のどぶえ ㉒ののし ㉓つぐな ㉔おそ

2 ①イ ②ア

3 ①コムラサキ ②ヤママユガ

p.81

ぴたトレ2

1 (1)友人 (2)チョウチョ集め (3)イ

p.82～83

ぴたトレ3①

1 (1)幼稚な設備 (2)ウ (3)a非のうち b子どもと (4)エ (5)イ (6)例足が二本欠けているという欠陥に難癖をつけられて、獲物に対する僕の喜びが傷つけられたから。

2 ①笑 ②忍者 ③弁償 ④遅刻

考え方

1 (1)「立派な道具」とほぼ同じ意味の「ぜいたくなもの」に着目する。「僕」の道具は、——線①の直後に書かれているように、「古い潰《つぶ》れたボール紙の箱」などであるが、他の者は「ガラスの蓋《ふた》のある木箱」などの「ぜいたくなもの」を持っていた。それらの道具に対して、「僕」が自分の道具を何と呼んでいるか、そのあとの部分から探す。

(2)「ないしょにし」という部分が、直前の「自慢することなんかできなかった」と同じような内容を表していることから考える。初めのうちは、「僕」も「自分の収集を喜んでたびたび仲間に見せた」のだが、そのうち見せなくなってしまったのは、珍《めずら》しい獲物《えもの》を見せたい気持ちよりも、自分の幼稚な設備を見られたくない気持ちのほうが強くて、自慢できなかったからである。

(3)直後の段落に書かれている。aは、「少年」という言葉の使われている「この少年は、非のうちどころがないという悪徳をもっていた」という部分に、bは、「性質」という言葉の使われている「それは子どもとしては二倍も気味悪い性質だった」という部分に着目する。

(4)直前に書かれている「彼の収集は小さく貧弱だったが、こぎれいなのと、手入れの正確な点で」という内容から考える。宝石は、原石を丁寧《ていねい》に磨《みが》き上げて初めて値打ちが出るものである。少年の収集も、「手入れ」が丁寧にされているところがまるで宝石のように感じられるのである。

(5)同じ文の初めに「そのため」と書かれているので、直前に書かれている「とにかく、あらゆる点で、模範《もはん》少年だった」が理由である。ただし、「僕は妬《ねた》み」と書かれていることにも着目する。「妬む」とは、「自分より優れているものを羨《うらや》ましく思ったり、自分より優れているために憎《にく》んだりすること」である。自分にも何か勝てるところがあれば妬むことはしないだろうが、少年は「あらゆる点で」優れていたのである。

(6)同じ文の初めに「それで」と書かれているので、直前に書かれている「こっぴどい批評家のため、自分の獲物に対する喜びはかなり傷つけられた」が理由である。それまで、妹たちの他にチョウを見せたことのなかった「僕」が、少年にチョウを見せる気になったのは、珍しいコムラサキを捕《つか》まえたことで得意になったからである。しかし、少年にコムラサキをひどく批評され喜びが傷つけられたので、見せる気がなくなってしまった。少年がどのようなことを批評したのか、「難癖をつける」という言葉に着目して考える。

p.84～85

1 ぴたトレ3②

(1)例エーミールのチョウを盗み、そのチョウを潰してしまったという内容。
(2)彼が僕～いた。
(3)微妙なとび色がかった羽
(4)それを～ろう。
(5)例チョウを盗んだのは事実だが、チョウをだいなしにするつもりは全くなかったということ。
(6)悪漢
(7)イ
(8)例冷静だが、冷たくて厳しい人物。

2

①胴　②畳　③栓　④誘

考え方

1

(1)第一段落の最初の文の内容から、「僕」が「盗みをしたこと」「美しく珍《めずら》しいチョウを潰してしまったこと」を読み取る。

(2)同じ段落の「他の友達だったら、すぐにそうする気になれただろう。」とある部分から、相手が模範《もはん》少年のエーミールだから出かける気になれなかったことがわかる。なぜエーミールだと出かける気になれないのか、その理由が次の文に書かれている。

(3)もう潰れてしまっているので、残っているものの中から様子を具体的にうかがわせるものを探す。第一段落に、「僕」の指に残った羽の粉のことが書かれている。

(4)「僕」はチョウのことを第一に考えているが、それほど大切なチョウを「だいなし」にしたのは「僕」自身であった。自分がチョウを「だいなし」にしたとき、そのチョウを見て「僕」がどのように思ったのかに着目する。

(5)「僕」はチョウを盗んだという事実は正直にうち明けている。「僕」が「説明しようと試みた」のは、「ヤママユガをだいなしに」するつもりは、全くなかったということで、チョウの収集に情熱がある「僕」にとって、そのことはエーミールにどうしてもわかってほしかったのである。

(6)「僕」のしたこと全体から、エーミールが「僕」についてどのように決めつけているかを考える。

(7)直前のエーミールの言葉から考える。「君がチョウをどんなに取り扱《あつか》っているか、ということを見ることができたさ」という部分が、チョウに対する「僕」の態度や愛情がたいしたものではない、と非難している言葉であることから考える。

(8)エーミールは感情にまかせて振る舞わない、冷静な人物である。また、「冷然と、正義をたてに」「ただ僕を眺めて、軽蔑《けいべつ》していた」ことから、謝罪を受け入れない、冷たい人物でもある。「正義感が強く、悪事への謝罪も受け入れないが、どなりつけはしない人物。」などでも正解。

読解テクニック

1 (6)**字数から考える！**
字数指定のある問題は、字数を満たす言葉をまず探してみる。「二字で抜き出しなさい」という指示があるとき、まず二字の言葉を文章から探してみて、そのあとで設問の答えとしてふさわしいかどうか考えてもよい。

言葉の小窓3　方言と共通語

p.86

ぴたトレ1

1 ①やなぎ　②いまし　③しょうろく　④かんじゃ　⑤てっかい　⑥ほにゅうるい　⑦えっけん　⑧じゅうい　⑨す　⑩せきはい　⑪あずき　⑫うなばら　⑬しっぽ　⑭しない　⑮しばふ　⑯なだれ　⑰おじ

2 ①ウ　②イ　③ア

p.87

ぴたトレ2

1 ①ア　②イ　③イ　④ア　⑤ア

2 ①ウ　②ア　③イ　④オ　⑤エ

3 ①ア　②イ　③ア　④イ

4 ①ウ　②ア　③イ　④エ

考え方

1 ①「ある地域だけ」、②「全国どこでも」、③「昔の江戸周辺の地域の言葉」、④「それぞれの地方」、⑤「日本語の歴史をたどることもできる」に着目して考える。

2 ①漢字で書くと「長雨」「入梅」となることに着目。②他にもドンブ・エンバ・ヘンボなどの言い方がある。（教科書270ページ図3参照）③「タギモノ」は山形県、「タムン」は沖縄県の「薪」の呼び方である。（教科書257ページ参照）④「イ」に着目。⑤「セン（シェン）」に着目。

3 相手や場面によって使い分けをするのが現代の方言の大きな特徴《とくちょう》である。

4 ①東京と大阪では、高く発音する部分が違うことに着目する。②世代間で言葉が通じないのは「社会的な原因」による方言。③「起きる」は普通の文法では「おくる」にならない。④大学ができたのは明治時代なので、言葉の違いは古いものではない。

銀のしずく降る降る

p.88

ぴたトレ1

1 ①しんけい　②てきせつ　③わか　④たんぺん　⑤そせん　⑥あんしょう　⑦いじゅう　⑧るす　⑨こきょう　⑩せいせき　⑪ごうかく　⑫たんにん　⑬いた　⑭こうか　⑮じたい　⑯みと　⑰ほうもん　⑱ねだん　⑲むずか　⑳りっぱ

2 ①ウ　②ア　③イ

3 ①ユーカラ　②金田一京助

p.89

ぴたトレ2

1

(1)アイヌ神謡集
(2)ユーカラ
(3)ウ
(4)ア

p.90～91

ぴたトレ3

1

(1)「副級長～いうこと
(2)①例入学試験で優秀な成績で合格し、副級長になれること。
②a偏見を～らない　b和人の～あった
(3)人の目～たこと・健康面～たこと（順不同）
(4)イ
(5)ウ
(6)シベリア出兵
(7)例客をもてなすのにふさわしい食べ物がないということ。
(8)幸恵の女学校での作品
(9)ウ
(10)・例美しい日本語の作文を書くこと。
・例アイヌ語の難しい古語の長編叙事詩を暗唱すること。
（順不同）
(11)a文字以～ている　b民族の～な文学
(12)目に涙を浮かべながら
(13)ユーカラの研究

考え方

1

(1)直後の一文に着目して字数の確認をする。
(2)①入学試験に優秀《ゆうしゅう》な成績で合格したこと、それにより副級長になれそうであることをまとめる。②伊藤《いとう》先生の発言に着目して探す。
(3)直前に原因が書かれていることを捉え、字数を確かめる。
(4)「望郷」とはふるさとを懐《なつ》かしく思うことである。
(5)「遠」「来」の訓読みをそれぞれ考えるとよい。
(6)米の値段が高くなっていたことと、その原因を捉える。
(7)客の気に入るような食べ物を準備できない、ということをまとめる。
(8)指示語が指す内容は前文からまず探すとよい。
(9)「目をみはる」は、目を大きく開けるほど驚いていることを表す。
(10)どのようなことができるのか、直前から読み取る。
(11)金田一《きんだいち》の発言から、字数に合うような部分を探す。
(12)「ユーカラの研究にささげます」という決意を語ったときの幸恵《ゆきえ》の様子に、幸恵の気持ちが表れている。
(13)ユーカラを聞きに来たのは、金田一がユーカラの研究をしているからであり、幸恵はその研究に協力することを決意したのである。

蓬莱《ほうらい》の玉の枝と偽《いつわ》りの苦心談——竹取物語——

p.92～93

ぴたトレ3

1

(1)ⓑ
(2)午前八時頃
(3)②大変　④思われて
(4)③うるわし　⑤よそおい　⑧もうで
(5)五百日
(6)ウ
(7)例蓬莱の山の光り輝く木々に比べて持ってきた花の枝が見劣りするということ。

2

①難題　②貴族　③若者　④職人

考え方

1

(1)ⓑの主語は「女」で、他は全てこの物語の語り手であるくらもちの皇子《みこ》。

(2)「辰《たつ》の時」とは、午前七時から九時までの二時間のこと。当時は十二支を使って、時刻を表していた。そのなごりとして、例えば「午前（＝午《うま》の時よりも前）」「午後（＝午の時よりもあと）」などの言葉がある。

(3)前後の言葉を参考に、現代語訳から探す。「いと」はあとに「大《おほ》きにてあり」とあることから「大きい」という言葉を現代語訳から探す。「おぼえて」は前に「恐《おそ》ろしく」とあることから、「恐ろしい」という言葉を現代語訳から探す。

(4)歴史的仮名遣《づか》いで、語中・語尾の「はひふへほ」は「ワイウエオ」と読むので、③「うるはし」の「は」が「ワ」に、⑤「よそほひ」の「ほひ」が「オイ」になる。また、「ア段＋う」はオ段の長音になるので、⑧「まうで」の「まう」は「モウ」となる。

(5)「船の行《ゆ》くにまかせて、海に漂《ただよ》ひて、五百日といふ辰の時ばかりに、海の中に、はつかに山見ゆ。」とあり、この山が「蓬萊《ほうらい》の山」である。

(6)「世の中になき花の木ども立てり。」と書かれている部分や、「金《こがね》、銀《しろかね》、瑠璃《るり》色の水、山より流れいでたり。」から、この世にはありえないような、普通でない山であることを読み取る。

(7)直前に「その中に、この取りて持ちてまうで来たりしは」とあることから、見劣《みおと》りするものは「この取ってきたもの」ということがわかる。「その中に」というのは、蓬萊の山の「その辺りに光り輝《かがや》く木々」の中、ということなので、比べているのは「蓬萊の山に立っていた光り輝く木々」ということがわかる。

花の詩画集

p.94~95

ぴたトレ3

1

(1)太陽の弓矢
(2)ア
(3)イ
(4)イ
(5)ウ
(6)①筆
　②エ
(7)例 いろいろな激しい感情が過ぎ去って、落ち着いた気持ち。

考え方

1

(1)「太陽の弓矢」は地面にまっすぐに生えた麦の穂《ほ》を弓矢にたとえている表現である。

(2)6行めと7行めは、「高い」「低い」という対照的な言葉以外同じ言葉が並べられている。このように、同じような表現が並ぶことで、詩に一定のリズムが生まれている。

(3)アは「たいへん乱れている」が合わない。ウは「全て同じ形で」が合わない。エのような様子は読み取れない。

(4)8・9行めに「にてるけれど／みんな　ちがう」とあるように、作者の目は、同じような麦の穂一本一本のわずかな違いに向けられている。

(5)この詩の作者は体が不自由なため、筆を口にくわえて詩を書いたり絵を描いたりしている。そうした作者が「くやしさや怒《いか》り」を感じているときと解釈できる。

(6)①槍《やり》のように細い形のものは、「筆」である。②「槍」は武器で敵を攻撃《こうげき》するのに用いるものであることをもとに考える。

(7)「さまざまな思いが／風のように過ぎて」とあることから、不満や怒りといった激しい感情が収まっていることを表している。

デューク

p.96

ぴたトレ3

1
(1) 小さな美術館
(2) ア
(3) ア
(4) 例 落語が好きだったデュークのことを思い出したから。

考え方

1
(1) 直後に「教えてあげる」と書かれているので、「私」が「少年」にどこを教えてあげたのかを考える。最初に連れて行ったのは、美術館である。
(2)「こぢんまりと」は、ほどよく小さくまとまっていることを表す「ちんまりと」の上に、少しであることを意味する接頭語の「こ」がついた言葉である。
(3) 直前に少年の絵に対する感想があることに注目する。「古代インドはいつも初夏だったような気がする。」とあるが、本当にいつも初夏であったということは考えにくい。くすんだ緑色の、象と木ばかりの細密画を見て、初夏のさわやかな気候を想像したところに、少年の空想的な感性が見え、「私」は少年がロマンチストだと思ったのである。
(4) 演芸場の中に入るまで、「私」が憂鬱になりそうな様子はなかったので、入ったあとに何が起こったのかを考える。直後の段落には、「デューク」が夜中に落語を見ていた思い出が書かれている。落語を聴《き》いたせいで、夜中に落語を聴いていた「デューク」のことを思い出し、「デューク」が死んだことが強く感じられてきて悲しくなったのだとわかる。

定期テスト予想問題 1

p.98

(1) 例 首をかしげる様子。
(2) イ
(3) 例 南の町から来た自分の境遇と重なるもの。
(4) 例 故郷を離れ、友達と別れたことで寂しかったから。

考え方

(1) 倉橋《くらはし》君が白石《しらいし》さんの問いに答えたときの、白石さんの様子はBの文章に「首をかしげる白石さん」と書かれている。
(2) 倉橋君は発言の中で、桜蝶《さくらちょう》のことやその旅立ちについては話しているが、倉橋君自身が桜蝶のことを親友に教えてもらったことは話していない。
(3) Bの文章で「南の町から来た自分の境遇《きょうぐう》を桜蝶に重ねて」とある。自分と境遇が似ているからこそ気になってずっと観察しているのである。
(4) Bの文章に倉橋君の境遇が書かれている。親友と別れてやってきたこの町で、寂《さび》しかったのである。

定期テスト予想問題 2

(1) 例 論理的に考えているつもりでも、非合理的な決断に陥る癖。
(2) ア
(3) 例 限られた要素からすばやく正確な判断ができるように、すばやく要素をしぼること。
(4) 直感のもた

考え方

(1)「このような」の指す内容は第一段落のこと。「奇妙《きみょう》な」とあるのは、論理的に考えているつもりなのに、うまくいかないから。

(2)シマウマの例が、じっくり論理的に考えていると生き残れないこと、すばやく判断することで生き残ることができることが述べられている。

(3)第三段落の内容から考える。「判断をすばやく行うための効率化」なので、すばやい判断を行うために、要素をしぼるということである。

(4)直後に「これが直感のもたらす最大の恩恵《おんけい》です。」とある。

読解テクニック

(3)**何が問われているのかを考えて、言葉の順番を整える！**
「要素をしぼり、限られた要素からすばやく正確な判断ができる」という部分が解答に使えそうだが、それだけでは「効率化」について聞かれている問いの答えにならない。「効率化」が直接的に指す部分は「要素をしぼる」ことなので、そのように言葉の順番を整える。そのまま抜き出すのではなく、問われている内容を考えて、言葉の順番を変えたり、文末を変えたりすることが必要である。

定期テスト予想問題 3

(1) エ
(2) ユダヤ人用のベンチ
(3) 例 「僕」がユダヤ人であることを気にしていないから。
(4) 僕は慌てて

考え方

(1)ヘルガは「僕《ぼく》」が落ち着きをなくしているのが、ベンチのせいだと気づいたので、黄色いベンチに移ることにしたのである。ベンチの前に立ち止まり、『ここのほうが落ち着いてかけていらっしゃれるの？』と尋《たず》ねていることから、「僕」を思いやるヘルガの気持ちを捉《とら》える。

(2)直後の一文に《ユダヤ人専用》と書いてあることが示されている。第二次世界大戦中のドイツでは、ユダヤ人に対する人種差別政策で、ユダヤ人は、黄色のベンチにしか座《すわ》ることを許されなかったことを押《お》さえる。

(3)「僕」がユダヤ人であるとわかっても、ヘルガは態度を変えなかった。『そう思ったの！』と答える様子から、ヘルガの純粋《じゅんすい》さや健気《けなげ》さがうかがえる。そして、ヘルガは「僕」を大切にしたいと思っているのである。

(4)ヘルガは黄色のベンチになんでもないことのように座った。「僕」は、自分がユダヤ人だとヘルガに知られたことに「ぎくり」とした。彼女《かのじょ》を一緒《いっしょ》に黄色のベンチに座らせることはできないと思ったのである。そこで、「慌《あわ》ててヘルガを引っぱって立たせ」たことをつかむ。

定期テスト 予想問題 4

(1) 例 今井先生の言葉を思い出し、きれいな海を取り戻すには、海だけでなく森のことも考えなければならないと気づいたから。
(2) ウ
(3) 例 大雨が降ると海に泥水が流れこんでくるのは、山が荒れているためだということ。
(4) 例 山の状態が川を通して海にえいきょうをあたえるということ。

考え方

(1) はっとしたきっかけは、直前に書かれている、「〃森には魔法《まほう》つかいがいる〃」という今井《いまい》先生の言葉」。はっとして気づいた内容は、直後に書かれている。
(2) 「そのようなところ」は筆者が歩いてみた山のこと。その山は、「手入れのされていない杉林《すぎばやし》」で「間伐《かんばつ》されない杉林には日の光が入らず、下草が生えていません」とある。
(3) 直前に「大雨が降るとたちまち海に泥水《どろみず》が流れてくるのは、このためだ」とある。「このため」というのは、第四段落に書かれているように山が荒《あ》れていることを指している。
(4) 山が荒れていると、泥水が海に流れてくることから、山が荒れていると海も荒れるということがわかる。

定期テスト 予想問題 5

(1) ⓓ
(2) ① おそわるるようにて ③ ものおもい
(3) ② 気の毒だ ④ 引き連れて
(4) 例 中にうかぶ天人の姿を見て、何かに襲われたようになったから。

考え方

(1) ⓐの主語は天人《てんにん》。ⓑの主語は「内外《うちと》なる人」。ⓒの主語は天人。
(2) 語中・語尾《ごび》の「はひふへほ」は「ワイウエオ」になる。また、「ア段＋う」はオ段の長音になる。
(3) ②翁《おきな》に対する気持ちを表す言葉であることをもとに現代語訳を確認する。④直前の「天人」をもとに現代語訳を確認する。
(4) 宙に浮《う》かぶ天人を見て、「ものにおそはるるやう」になったとある。

定期テスト 予想問題 6

(1) ① うれえ ③ いわく
(2) ① 例 畑の苗が伸びないことを心配したから。
② 例 苗が枯れた。
(3) イ

考え方

(1) 語中・語尾《ごび》の「はひふへほ」は「ワイウエオ」になる。
(2) ①「その苗《なへ》の長ざるをうれへ」とある。苗が伸《の》びないことを心配して引っぱったのである。
②最後の部分に着目する。「苗則《すなは》ちかれたり」とある。息子《むすこ》が走って畑に行くと、苗が枯《か》れていたのである。
(3) 「助長」はある傾向《けいこう》が強くなるように働きかけることを表す。よくない意味で使うことが多い。

定期テスト 予想問題 7

(1) イ・ウ（順不同）
(2) イ
(3) a 大どろぼう
b さまざまな（罪人と一緒）
(4) 例 蜘蛛の糸を上っていけば、きっと地獄から抜け出せるにちがいないと思ったから。

考え方

(1) 地獄《じごく》の様子は最初の段落に書かれている。「真っ暗で、たまにその暗闇《くらやみ》からぼんやり浮《う》き上がっているものがあると思いますと、それは恐ろしい針の山の針が光る」「墓の中のようにしんと静まり返って」「泣き声を出す力さえなくなっている」に着目する。全て選ぶということにも注意する。

(2) 「……といったらない」というのは、「この上なく……だ」という意味の表現である。

(3) 死にかかっているのは、犍陀多《かんだた》である。九字で探すと、「大どろぼうの犍陀多」が合う。また、「死にかかった」は、力や元気が全くなくなってしまった様子を表している。なぜそのようになっているかといえば、「さまざまな地獄の責め苦に疲れはて」ているからである。または、より具体的に様子を表している「罪人と一緒に浮《う》いたり沈《しず》んだりし」を答えてもよい。

(4) 直前に「これを見ると」とあるから、蜘蛛《くも》の糸を見たのがきっかけであることがわかる。ただし、「地獄の責め苦に疲れはてて」いる犍陀多が、「思わず手を打って」喜んだ理由は、直後に書かれている。

定期テスト 予想問題 8

(1) ウ
(2) ア
(3) 例 象がにげ出す心配がないとわかったから。
(4) 例 少しずつ安上がりに働かせようと考えている。

考え方

(1) 象をうまく利用して働かせようという考えがあったことを捉える。

(2) 象はオツベルに都合よく働かされているが、「目を細くして喜んで」とあるように、仕事をすること自体を楽しんでいることを押さえる。

(3) 「森へ行くのは大好きなんだ」という象の発言を聞いて、ぎょっとしていたことに着目する。森に行くのは大好きだ、という象の言葉を聞いて、象が森に帰ってしまうのではないかという心配があった。象の様子を見て、その心配はなさそうだと思ったことを説明するとよい。

(4) 前日に十把《ば》だったわらが翌日には八把に減っている。オツベルが象を都合よく働かせようとしていることを踏まえると、象のエサを次第《しだい》に減らして、安く働かせようとしていることがわかる。

読解テクニック

(4) **変化に着目する！**
変化したことに着目して、なぜ変化したのかを考える。変化した部分だけでなく、登場人物の気持ちや行動などから、変化の理由を捉えるとよい。

p.106

定期テスト 予想問題 9

(1) 例 それぞれ違いのある一人一人が集まって作られている。

(2)・例 それぞれの違いを認め合うこと。
・例 意見が異なるときは、対話によって解決すること。
・例 自分と違う立場にいる人の気持ちや心の痛みを想像すること。
(順不同)

(3) a 命の尊さと平等　b 自己中心的　c 平和な社会

考え方

(1) 直前の部分から考える。さまざまな違いが述べられたあとに、「それぞれ違いのある一人一人が集まって」とある。

(2) 直前の部分に着目。「……といった」とあるので、その前の部分に「日常の生活の中での努力」の例が書かれている。

(3) 直後に着目する。また、筆者の述べる「子どもが人権を学ぶこと」の意義は、「子どもに権利なんて教えると大人の言うことを聞かなくなる、自己中心的で権利主張ばかりするわがままな人間になる」という考えに対する反論であることも踏まえて、空欄《くうらん》に入る言葉を探す。

p.107

定期テスト 予想問題 10

(1) イ

(2) 例 細かな技法などは絵だけで伝えるのは難しいから。

(3)・例 建物そのものの修復保全。
・例 建物の装飾を修復しながら後世に伝えていくこと。(順不同)

(4) 日光では創

考え方

(1) 傍線部《ぼうせんぶ》の直前に「立体感を出す」とある。また、あとに続く一文から、「平面的な彩色《さいしき》」に対して、「置き上げ」という技法が、どのようなものを描《えが》くことに適したものであるのかを正確に捉える。

なお、「見取り図」に書き記されたたくさんの情報によって修復が可能となるので、ウの「たくさんの情報」は不適切とわかり、エの「色のぼかし」についても「置き上げ」とは別の技法として浅尾《あさお》さんの発言中で紹介《しょうかい》されているので不適切とわかる。

(2) 浅尾さんの発言の中に「この絵だけですと、平面的な彩色なのか、置き上げなのかわからないわけです。ですから、これは立体的な模様だということを、情報として書きこまなくてはならないのです」とある。絵だけでは伝わらないことがあるから、言葉による情報が必要になるのである。

(3) 「容易なことではない」「それにもまして難しいのが」という表現に着目する。

(4) 修復記録が日光でどのように行われているかが問われているので、「日光」という言葉をもとに探すと、「日光では創建当時から修復のたびに、職人たちが、彫刻《ちょうこく》そのものとその技法を一枚一枚の見取り図に記録し続けてきた。」とある。

p.108

定期テスト 予想問題 11

(1) ①・例 国内の需要がなくなったから。
・例 海外製で安価なはさみが出回るようになったから。
(順不同)
② いいものは高くても売れる

(2) 例 他の刃物との違いを視覚的に表す工夫。

考え方

(1)①「その安さ」とあるので、――線①の前の部分に着目する。一つは「日本の縫製《ほうせい》工場がアジアなど海外に移転して、一気に国内の需要《じゅよう》がなく」なったこと。もう一つは「海外製で安価なはさみが出回」るようになったことである。

②小林《こばやし》さんが職人のところに連れていってもらったときに、「製品としてはこれ以上進歩のしようがないくらい、美しく切れ味のよい刃物《はもの》が既《すで》に造られている」ことを知ったことが書かれている。そのようなよい製品が安い値段で売られていることに対して、「いいものは高くても売れるということに気づかないといけない。」と小林さんは考えている。

(2)小林さんが行ったことは、

・他の製品と区別し、播州《ばんしゅう》の刃物として商標をつけたこと
・包装する箱を一新したこと
・商品と切る対象物の写真を一対一で組み合わせたデザインのカタログやホームページを作ったこと
・今ある握りばさみに色をつけて新しさを出したこと

である。これらのことは全て、見てわかるような工夫であることがわかる。これを文章では「言葉だけではなく、他の刃物との違いを視覚的に表すことで、商品のよさが伝わったのです。」と述べている。

読解テクニック

(2)**字数から必要な要素を考える！**
字数から、どのような要素を入れるか考える。いくつかの具体例が挙げられている場合、全て書くと字数に収まらないことがある。そういう場合は、挙げられている具体例に共通することやまとめて述べられている部分を探すとよい。

---

p.109

定期テスト予想問題 12

(1)・例自分は盗みをした、下劣なやつだという気持ち。
・例見つかりはしないかという恐ろしい不安。
(2)ヤママユガ
(3)ウ
(4)例ポケットから出したヤママユガが潰れてしまっていて、もう繕うこともできそうになかったこと。

考え方

(1)直後の文の「突然」という言葉、さらに次の文の「同時に」という言葉が、傍線部《ぼうせんぶ》の文とほぼ同じときを表していることに着目する。また、「悟った」「不安に襲《おそ》われ」は、気持ちを表す言葉であるので、どのように悟ったのか、どのような不安に襲われたのかをまとめる。

(2)「獲物《えもの》」はチョウのことで、ここではエーミールから盗んだヤママユガのことである。

(3)「大それた恥ずべきことをしたという、冷たい気持ち」「自分自身におびえながら」「なにごともなかったようにしておかねばならない」と書かれている部分に着目する。「なにごともなかったように」すると、盗みを犯したことが隠されて、誰からも見つかることはなくなる。一方、「償《つぐな》い」は自分が犯したあやまちのうめあわせをすることだが、「僕」がそれをしようとしたことを表す表現はない。

(4)「不幸」は自分の力ではどうにもならないよくないことを表す。チョウをなにより大切に考えている「僕」にとっての不幸とは、チョウに起こったよくないことを指している。直後の「ヤママユガは潰《つぶ》れてしまったのだ」に着目し、「繕《つくろ》うことなんか、もう思いもよらなかった」という部分から、大切なチョウが二度と元《もと》に戻らなくなってしまったことを読み取る。

定期テスト 予想問題 13

(1)・例幸恵が日本語で書いた作文の文章の美しさ。
・例幸恵がアイヌ語の難しい古語でうたわれている長編叙事詩を暗唱していること。
(2)「私たちの
(3)ア
(4)例ユーカラを筆録し、『アイヌ神謡集』にまとめたこと。
(5)例幸恵を東京に連れていって勉強させたいという願い。
(6)例幸恵がなくなった。

考え方

(1)教科書292ページ下15行めに「アイヌ語の難しい古語でうたわれている長編叙事《じょじ》詩も暗唱していることを知り、重ねて目をみはった」とあるので、もう一つの目をみはったことは、その前に書かれていることがわかる。「目をみはる」に似た意味の「驚く」という言葉に着目する。
(2)幸恵《ゆきえ》の質問の内容は直前に書かれている。
(3)金田一《きんだいち》の発言に着目する。「あの『イリアス』『オデュッセイア』も、その最後の伝承者ホメロスの時、文字が入って初めて書かれたものだよ。」とある。文字が入ってきたからこそ、書き記され、残ったものの例として『イリアス』『オデュッセイア』が挙げられている。文字以前の叙事詩の姿をそのままとどめているユーカラとは違うことに注意。
(4)教科書293ページ下8～9行め「幸恵は、ユーカラを筆録するために、伯母《おば》のマツからローマ字を習い始めた。」や教科書294ページ下2行め「『アイヌ神謡《しんよう》集』と名づけられたこの本の最後の校正」から、幸恵がユーカラを筆録し、『アイヌ神謡集』という本にまとめたことがわかる。
(5)金田一の願いは、教科書293ページ上15行め「なんとか彼女を東京に連れていって勉強させたい」とある。
(6)教科書294ページ下3～4行め「幸恵は、安心したのか、容態が急変し、金田一家の人々にみとられながら、帰らぬ旅についた」とある。「帰らぬ旅につく」とは「死ぬ」ということである。

定期テスト 予想問題 14

(1)ⓐかじ　ⓑいわく　ⓒのたまい
(2)見える
(3)例銀の金鋺を持って水をくんで歩く天人の格好をした女。
(4)ウ
(5)例かぐや姫が言っていたものと違っては困ると思ったから。

考え方

(1)「ぢ・づ」は「じ・ず」に改める。語中・語尾《ごび》の「はひふへほ」は「ワイウエオ」にする。
(2)次の文にある「見る」との違いに注意する。蓬莱《ほうらい》の玉の枝がある島を探して、船に乗って、海に漂《ただよ》っているところ、「山見ゆ」なので、「見ゆ」は「見える」という意味であることがわかる。
(3)「これ」を見て、船から降りて質問しているので、質問している相手、「天人《てんにん》のよそほひしたる女」であることがわかる。
(4)「さらに……なし」で「全く……ない」という意味を表す。全く登れそうになかったから、山には登らず、周りを見て回っているのである。
(5)直前の発言に着目する。「のたまひしに違《たが》はましかば。」とある。「のたまふ」とは「おっしゃる」ということで、ここでは、かぐや姫《ひめ》が言ったことを指す。「違はましかば」は「違っていたら」という意味だが、そのあとに「困る」というような内容が省略されている。他にも美しいものはあったが、「かぐや姫がおっしゃったものと違っては困る。」と思い、「この花」を持ってきたのである。

p.112

(1) ウ
(2) 例 相手が思い違いをしていることを教えるため。
(3) 少年は本当はデュークであったということ。

考え方

(1) 直前の「知らない男の子とお茶を飲んで……落語を聴《き》いて」という部分には、さっきまで「私」が「少年」と一緒《いっしょ》にしてきたことが書かれている。そのことについて「何をしているのだろう」と疑問に思っていることから、「自分のしたことが信じられない」という気持ちを読み取る。急にそういう気持ちになったのは、ふと我に返ったからである。

(2) 「そう。私もよ。」とかかれている部分に着目する。「私」は、まだ「少年」が「デューク」かもしれないということに気づいていないから、「今まで」という言葉の意味を、「一緒に過ごした今日一日」のことだと考えている。ところが、その直後に、「少年」が「今までずっと、だよ。」と言っているのは、「今日一日のことを言っているんじゃないんだよ」と伝えたいのである。

(3) 「懐《なつ》かしい、深い目」という部分と、「少年」が言った「僕もとても、愛していたよ。」という部分に着目する。「愛している」ではなく「愛していた」と言っているので、「少年」はこれまで「私」に会ったことがある、ということになる。そうすると、「少年」の「これまでずっと」という言葉は、今日一日のことではなく、「私」と一緒に過ごした間ずっと、という意味だと考えることができる。ずっと一緒に過ごし、「懐かしい」目をしている少年は、「私」にとって信じられないことだが、「デューク」だった、と考えなければならない。